Schöningh
westermann

W0470628

EinFach Deutsch

Sophokles

Antigone

...verstehen

Erarbeitet von
Alexandra Wölke

Herausgegeben von
Johannes Diekhans
Michael Völkl

Bildnachweis

|akg-images GmbH, Berlin: 57. |alamy images, Abingdon/Oxfordshire: Bildagentur-online/Schoening 70. |Albertus-Magnus-Gymnasium Bensberg: 102. |bpk-Bildagentur, Berlin: Scala 59. |Bridgeman Images, Berlin: 28. |Cinetext Bild & Textarchiv GmbH, Wetzlar: 83. |DRAMA. Agentur für Theaterfotografie, Berlin: Bresadola 16, 48, 90. |Interfoto, München: Teuffen, D.H. 84. |Picture-Alliance GmbH, Frankfurt/M.: akg-images 66; APA/picturedesk.com/Techt, Hans Klaus 30; PIXSELL/Grgo Jelavic 95. |S. Fischer Verlag GmbH, Frankfurt/Main: 85. |Suhrkamp Verlag GmbH & Co. KG, Berlin: 81. |Theater im Marienbad, Freiburger Kinder- und Jugendtheater e. V., Freiburg: Lange, Matthias 106. |ullstein bild, Berlin: SIPA 78.

Wir arbeiten sehr sorgfältig daran, für alle verwendeten Abbildungen die Rechteinhaberinnen und Rechteinhaber zu ermitteln. Sollte uns dies im Einzelfall nicht vollständig gelungen sein, werden berechtigte Ansprüche selbstverständlich im Rahmen der üblichen Vereinbarungen abgegolten.

westermann GRUPPE

Druck A[2] / Jahr 2019
Alle Drucke der Serie A sind im Unterricht parallel verwendbar.

Umschlaggestaltung: Nora Krull, Bielefeld
Umschlagbild: Theater Vorpommern GmbH „Antigone“ Inszenierung von Tobias Sosinka, Spielzeit 2010/11; Foto: Anja Taschenberg als Antigone; Fotograf: Vincent Leifer/van ryck
Druck und Bindung: Westermann Druck GmbH, Braunschweig

ISBN 978-3-14-**022527**-4

Inhaltsverzeichnis

An die Leserin und den Leser

„Ungeheuer ist viel, doch nichts
Ungeheuerer als der Mensch.“ (V. 332f.)[1]

Liebe Leserin, lieber Leser,

eine machtlose Frau bietet einem tyrannischen König die Stirn, der ihr verbieten will, den toten Bruder zu beerdigen, und geht dafür in den Tod. Eine Geschichte, die bis heute Menschen bewegt und zugleich inspiriert, sich mit ihr auseinanderzusetzen.
Antigone ist die kompromisslose Streiterin für das von den Göttern verbürgte, zeitlose Recht auf eine weihevolle Bestattung. Sie ist das junge Mädchen auf dem Weg zum Frausein, das sich der Anpassung der Vielen an den Willen der Mächtigen nicht fügen will. Jemand anderes sieht in ihr die Schwester, deren Mut bis zur Selbsthingabe das eigene Schweigen angesichts von Gewalt und Ungerechtigkeit umso schmerzvoller zu Bewusstsein bringt.
Da sie sich nicht abfindet mit dem, was ist, und mit ihrer Radikalität bis an die Grenze des Menschenmöglichen geht, fordert sie ihr Gegenüber immer aufs Neue heraus. Ihr Beispiel enthält die Mahnung, politische Entscheidungen auf ihre ethische Richtigkeit hin zu überprüfen. Ihr Sterben wirft die Frage auf, welche Chance der Einzelne gegen ein Kollektiv hat, das sich der Macht beugt. Die Attraktivität des antiken Dramas beruht auf der komplexen Thematik, die gleichermaßen politische, religiöse und psychologische Fragen evoziert und somit von der zugleich großen wie schrecklichen „Ungeheuerlichkeit“ des Menschen Zeugnis ablegt.

---

[1] Sämtliche Stellenangaben beziehen sich auf die im Literaturverzeichnis aufgeführte Textausgabe des Schöningh Verlags.

Es geht um Fragen nach dem Zusammenleben der Menschen in der Gemeinschaft: Wie weit dürfen Mächtige in ihrer Verfügungsgewalt gehen? Wann ist Widerstand gerechtfertigt? Welche ethischen Grundsätze braucht eine menschliche Gemeinschaft? Unter welchen Umständen zerstört sie sich selbst? Gibt es Gesetze, die ewig gültig und die dem aktuellen Geschehen übergeordnet sind? Kann man staatliche Ordnung nur unter Androhung von Gewalt erreichen?
Aber nicht nur die Beziehungen der Menschen untereinander, sondern auch diejenigen zu den Göttern und dem Jenseits spielen eine Rolle. So fragt Sophokles in seinem Drama weiter: Was ist der Mensch? In welcher Beziehung steht er zum Göttlichen? Welchen Wert haben seine Leistungen? Steht sein Schicksal fest? Welches Recht gebührt den Toten? Und wie nah sind sie den Lebenden?
Ferner übt die titelgebende Hauptfigur eine starke Faszination aus und so fragen Zuschauer und Interpreten verstärkt auch nach dem Menschen Antigone: Wofür opfert sie sich? Worauf fußt ihre Todesbereitschaft? Inwiefern repräsentieren ihre Auflehnung und ihre Radikalität gegen das Gegebene die Gefühlswelt vieler Heranwachsender? Ist sie eine Heldin? Hat eine Frau in der Gestaltung ihrer Geschlechterrolle nur die Wahl zwischen Antigone und ihrer angepassten Schwester Ismene?
Sophokles beantwortet in seinem Drama diese und weitere, zeitlos relevante Fragen aus der Perspektive der Antike. Moderne Autorinnen und Autoren akzentuieren angesichts einer sich wandelnden Realität die Fragen anders und gestalten den Stoff gemäß persönlicher und geschichtlicher Erfahrungen um. Der vorliegende Band aus der Reihe „EinFach Deutsch – … verstehen" möchte Ihnen bei den Fragen, die sich Ihnen bei der Lektüre stellen, eine Hilfe sein.

In diesem Sinne wünsche ich Ihnen viel Freude beim Lesen und Verstehen.

Alexandra Wölke

Der Inhalt im Überblick

Die Handlung spielt in Griechenlands mythischer Vorzeit in der Stadt Theben. Um die Herrschaft in dieser „Polis", einem antiken griechischen Stadtstaat, ist gerade ein erbitterter Kampf zwischen den Königssöhnen Eteokles und Polyneikes zu Ende gegangen. Die Vereinbarung, die Herrschaft im jährlichen Wechsel auszuüben, ist gescheitert, weshalb der daraufhin vertriebene Polyneikes die Stadt gewaltsam zurückerobern wollte. Die Brüder haben sich im Kampf gegenseitig ermordet und so kommt ihr Onkel Kreon an die Macht. Die Königsbrüder haben noch zwei lebende Schwestern namens Antigone und Ismene, die allerdings als Frauen keinen Anspruch auf den Thron haben.

Vor dem Palast sucht Antigone das Gespräch mit Ismene, um sie zur Mithilfe bei ihrem noch geheimen Plan zu bewegen. Sie will dem Gebot Kreons, den Bruder Polyneikes unbestattet den Vögeln zum Fraß zu überlassen, zuwiderhandeln. Ismene lehnt jedoch aus Angst vor der Staatsgewalt ab und sieht keinen Sinn darin, sich aufzulehnen. Als der neue Herrscher Thebens vor den Stadtältesten seine Antrittsrede hält, hat Antigone seine Anweisung bereits übertreten und an dem Toten die heiligen Bestattungsriten vollzogen, ohne ihn jedoch vollständig begraben zu können. Ein Wächter, den Kreon bei der Leiche postiert hat, berichtet von der Zuwiderhandlung und wird abermals losgeschickt, um den Täter zu finden. Alle Beteiligten können sich für diese kühne Tat nur einen Mann als Schuldigen vorstellen. Der Chor, der aus den Stadtältesten besteht, besingt in seinem ersten Standlied die „ungeheuren" Fähigkeiten des Menschen.

Der Wächter kommt zurück und beschuldigt Antigone der Tat. Sie sei abermals bei der Leiche gewesen, die die Wächter vom Sand befreit haben, und habe die Bestattungsrituale am Leichnam, das Bestreuen mit Sand und den Weiheguss, wiederholt. Als sie befragt wird, rechtfertigt sie ihre Tat mit dem Verweis auf das göttliche, ungeschriebene Gebot, Tote zu bestatten. Kreon kündigt an, sowohl Antigone als auch ihre Schwester Ismene mit dem Tod zu bestrafen. Daraufhin solidarisiert sich Ismene mit Antigone und bekennt sich zu der Tat, obwohl sie daran keinen Anteil hat. Antigone jedoch weist ihr Ansinnen zurück und will allein in den Tod gehen. Der Chor besingt in seinem zweiten Standlied die leidvolle Geschichte der königlichen Familie, der Labdakiden, und die Macht des Schicksales über den Menschen.

Kreons Sohn Haimon ist der Verlobte Antigones. Er versucht, den Vater umzustimmen, und argumentiert damit, dass dies auch der heimliche Wille des thebanischen Volkes sei. Als Kreon unnachgiebig bleibt, droht der Sohn mit Selbstmord. Der Chor besingt in seinem dritten Standlied die Macht des Eros, des Gottes der begehrlichen Liebe.

Antigone wird dazu verurteilt, lebendig in ein Felsengrab gesperrt zu werden, wo sie sterben soll. Sie stimmt selbst ihre Totenklage an und beweint sowohl ihr persönliches als auch das Schicksal ihrer Familie. Der Chor erinnert in seinem vierten Standlied an jene mythischen Figuren, die ein ähnliches Schicksal erdulden mussten wie jetzt Antigone.

Ein blinder Seher, Teiresias, wendet sich an Kreon und warnt ihn. In seiner Vogelschau, einer Weissagungsmethode, bei der aus der Art des Vogelflugs die Zukunft gedeutet wird, habe er gesehen, dass sich die Götter von der Stadt abwendeten. Dies sei Kreons Schuld, weil er durch sein Bestattungsverbot zugelassen habe, dass die Opferaltäre entweiht würden. Kreon lässt sich zunächst nicht beeindrucken und unterstellt dem Seher ein eigennütziges Motiv. Er wirft ihm vor, dass er von seinen Gegnern mit Geld bestochen worden sei und sich ihm deshalb entgegenstelle. Erst als Teiresias den Untergang seines gesamten Hauses voraussagt, lenkt Kreon erschüttert ein. Er will den Ratschlag des Chors befolgen, Polyneikes zu bestatten und Antigone

aus der Felsengruft zu befreien. In seinem fünften und letzten Standlied beschwört der Chor den Gott Dionysos und bittet um Heil für die Stadt.
Für eine Wendung des Schicksals ist es jedoch bereits zu spät. Ein Bote berichtet davon, dass sich Antigone in ihrem steinernen Grab erhängt habe. Haimon richtet darauf in seiner Verzweiflung das Schwert zuerst gegen seinen eintreffenden Vater. Diesem jedoch gelingt die Flucht. Haimon begeht daraufhin Selbstmord. Als Eurydike, die Gattin Kreons, davon erfährt, verflucht sie ihren Mann als Kindesmörder und ersticht sich. Kreon bleibt allein als gebrochener Mann zurück und erkennt seine Verfehlung an.

Zum Aufbau des Dramas

Die Tragödie folgt ihrem Aufbau nach der klassischen Form, welche für das Verständnis wichtig ist und deshalb an dieser Stelle kurz erläutert werden soll. Das anschließende Schaubild (s. S. 11) zeigt die konkrete Umsetzung dieser Form im Drama „Antigone".

Prolog und Parodos: Exposition der Handlung

Die Dramenhandlung setzt mit dem Prolog ein, in welchem die Handlung eingeleitet wird (Exposition). Das folgende Einzugslied des Chores, das sogenannte Parodos, ergänzt die äußere Exposition mit einer inneren, wobei die Stimmung zu Beginn des Dramas hier durch lyrische Partien wiedergegeben wird.

Frühe Epeisodia und Standlieder: Entfaltung und Ausgestaltung der steigenden Handlung, Höhepunkt

Es folgt der erste Auftritt (gr. Epeisodion). Gesprochen wird in langer Rede, Wechselrede und abschließend im schnellen Wortgefecht. Nach dem Abgang der Figuren singt der Chor sein erstes Standlied[1] (gr. Stasimon) In diesem werden sowohl der vergangene Auftritt als auch die allgemei-

[1] Standlied: Der Begriff „Standlied" bezieht sich auf die Position des Chores im Bühnenraum. Zu Beginn des Dramas zieht er ein, während der Dramenhandlung „steht" er an einem bestimmten Platz und zum Ende des Dramas zieht er wieder aus.

ne Thematik des Dramas kommentiert und reflektiert. Es folgt ein weiteres Epeisodion mit Bericht, Rede, Wortgefecht und dem Abgang der Schauspieler. Der Chor singt sein zweites Standlied.

Das dramatische Prinzip der Steigerung

Es gibt insgesamt drei große Auseinandersetzungen mit dem König. Sie sind nach dem Prinzip der Steigerung angelegt. Zunächst argumentiert Antigone gegen Kreons Bestattungsverbot mit dem Verweis auf allgemein-ethische Normen und göttliche Gebote und anschließend macht Haimon aus dem Konflikt der beiden eine Grundsatzfrage der Politik. Teiresias beurteilt Kreons Taten aus der religiösen Perspektive und rückt sie dabei in kosmische Dimensionen.

Spätere Epeisodia und Standlieder: Peripetie und Retardation

Auf diese Weise wird der dramatische Konflikt gesteigert, bis der tragische Untergang bevorsteht. Die sogenannte Peripetie (d. h. Umkehr) bewirkt eine Retardation (d. h. eine Verzögerung) der Handlung. Die Spannung wird noch einmal dadurch gesteigert, dass die Höhepunktentscheidung aufgeschoben wird und die Katastrophe damit abwendbar erscheint.

Diese Hoffnung erweist sich jedoch als trügerisch, denn am Ende stehen Pathos-Szenen, die vom Leiden handeln. Oftmals kommt in diesem Zusammenhang auch ein Botenbericht vor, in welchem von schrecklichen Ereignissen die Rede ist.

Kommos und Exodos: Die Katastrophe

Die Klage der Hauptfigur, der sogenannte Kommos, schließt sich an. Das Geschehen, das zumeist in fünf Auftritten entfaltet wurde, wird abgeschlossen vom Auszugslied des Chores, dem Exodos. Die Lehre, welche dem Zuschauer zum Schluss mit auf den Heimweg gegeben wird, spricht abschließend der Chor.

Überblick über den Handlungsverlauf und zentrale Spannungsmomente

Prolog	**1. Epeisodion**	**2. Epeisodion**	**3. Epeisodion**	**4. Epeisodion**	**5. Epeisodion**	**Schluss-szene**
Exposition, Einführung des noch latenten Konflikts	Einführung der Figur Kreon und Bericht von der Übertretung seines Bestattungsverbots	Entfaltung des Konflikts: Antigone vs. Kreon	1. Warnung Kreons durch Haimon Streit über die beste Herrschaftsform für eine Polis	Kommos der Antigone	2. Warnung Kreons durch Teiresias Peripetie (Umkehr) Retardation (Verzögerung)	Katastrophe: Tod Antigones, Haimons und Eurydikes Kommos des Kreon
Parodos	**1. Stasimon**	**2. Stasimon**	**3. Stasimon**	**4. Stasimon**	**5. Stasimon**	**Exodos**
Einzugslied, Sonnengesang	Lied vom Menschen	Lied vom Schicksal	Lied von der Macht des Eros	Lied über schicksalsverwandte mythische Figuren	Lied zur Anrufung des Gottes Bakchos/Dionysos	Auszugslied

Die Personenkonstellation

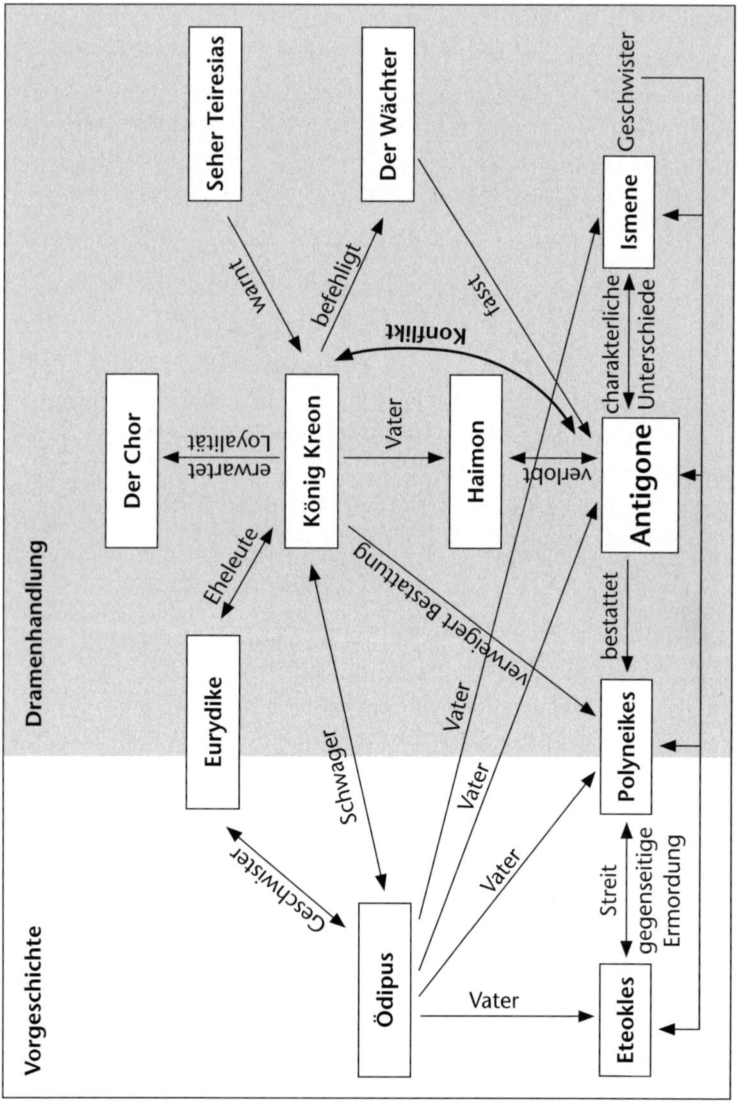

Inhalt, Aufbau und erste Deutungsansätze

Prolog

Antigone informiert Ismene über Kreons Bestattungsverbot

Die Königstöchter Antigone und Ismene treten aus dem Palast. Antigone wendet sich zuerst an die Schwester und vergewissert sich ihres gemeinsamen Schicksals. Sie sieht neues Leid auf sich und ihre „Lieben" (V. 10) zukommen und stellt dieses in einen gedanklichen Zusammenhang mit dem schmachvollen Erbe ihres Vaters Ödipus.[1] Die Ursache dafür ist das Ansinnen ihres Onkels, des neuen Herrschers Kreon. Während er einen ihrer Brüder, Eteokles, ehrenvoll nach religiösem Brauch begraben ließ, will er die Leiche des anderen Bruders, Polyneikes, unbestattet lassen, um ihn als Landesverräter zu ächten. Er soll den Vögeln zum Fraß überlassen werden. Kreon entzieht Polyneikes damit die elementaren Rechte der Totenklage und der Bestattung. Der religiöse Ritus für einen Verstorbenen ist nach Überzeugung der Antike die Voraussetzung für ein Weiterleben im Reich der Toten, im Hades.

Aufruf zum Widerstand gegen die von Kreon ausgehende Gewalt

Antigone betrachtet ihren Onkel wegen dieser Entscheidung als Feind (vgl. V. 10) und betitelt ihn bezeichnenderweise nicht als König, sondern als „Kriegsherr[n]" (V. 8). Zur Demonstration seiner Macht und Gewalt habe Kreon die Strafe der Steinigung für denjenigen angekündigt, der sich seiner Anordnung widersetze. Mit der Darstellung dieser Sachlage will Antigone ihre Schwester zur Mithilfe bei der Übertretung des königlichen Gebots bewegen. Sie appelliert dabei an ihr Ehrgefühl („Nun zeig, ob edel du geboren", V. 37) und an die Liebe zur Familie.

Ismene hat von dem Bestattungsverbot noch nichts gehört. Schon daran wird ein wesentlicher Unterschied zwi-

---

[1] Vgl. hierzu das Kapitel „Die Vorgeschichte: Das Haus der Labdakiden", S. 67 ff.

Charakterliche Unterschiede zwischen Ismene und Antigone

schen den Schwestern deutlich. Da Frauen in der Antike keinen unmittelbaren Anteil am öffentlichen Leben hatten, zeigen sich hier Ismenes Anpassung an traditionelle Rollenbilder und Antigones unbedingter Einsatz für die Belange der eigenen Familie. Was Ismene aber bekannt ist, sind die vorangegangenen Ereignisse, die auch für den Zuschauer für das Verständnis des Dramas wichtig sind und deshalb hier eingeflochten werden. Die Brüder haben sich gegenseitig umgebracht und das feindliche Heer aus der Stadt Argos, von der aus Polyneikes seinen Feldzug organisiert hat, ist abgezogen.

Ismenes Weigerung und ihre Mahnung zur Besonnenheit

Ismene begründet ihre Weigerung, Antigone bei der Bestattung zu unterstützen, mit Blick auf den ihr zugewiesenen Platz in der Gesellschaft. Die Bezeichnungen für ihre Schwester, „Unselige" (V. 39) und „Vermessne" (V. 47), offenbaren bereits ihre Position: Ein solch ungeheures Unterfangen erscheint ihr – besonders angesichts der zu befürchtenden Strafe – zu groß und zu maßlos. Sie erinnert Antigone an das traurige und schmachvolle Schicksal ihrer Familie, deren verstorbene Mitglieder ihr eigenes Verderben schicksalhaft selbst mit herbeigeführt haben. Dem Fluch des Hauses, gewaltsam zu sterben, glaubt sie durch Gehorsamkeit und Angepasstheit entkommen zu können. Später zeigt sich, dass sie darin recht behalten wird. Ihre Entscheidung unterstützt sie argumentativ mit ihrer Geschlechterrolle. Eine Frau sei „zu dem Kampf mit Männern nicht geschaffen" (V. 62) und müsse sich dem Stärkeren beugen. Da sie aber weiß, dass sie damit dem ungeschriebenen göttlichen Recht zuwiderhandelt, sucht sie den Kompromiss und will bei den Toten um Verzeihung bitten.

Antigones Berufung auf göttliches Recht …

Das Gespräch wird zum Streit. Bei der Argumentation für ihre jeweilige Position erweisen sich die Schwestern als grundsätzlich verschiedene Charaktere. Antigone beruft sich bei ihrem Plan auf das göttliche Recht und sieht dies im Widerspruch zu Kreons Gebot. Sie spricht von ihren „Pflichten" (V. 48) und davon, dass sie „denen drunt" (V. 75) länger gefallen muss als den Lebenden. Ihre paradoxe Situation, mit Kreons staatlichem Gebot in Konflikt zu geraten, weil sie dem göttlichen Gesetz Folge leisten will, formuliert sie in Form eines Oxymorons[1] und einer Alliteration („Fromm ist mein Frevel", V. 74). Ihre Hinwendung zu allem Toten ist stärker als ihr Lebenswille. Mehrmals betont sie ihre Furchtlosigkeit vor dem Sterben und glaubt sogar zu wissen, dass Ismene für ihre Weigerung von „dem Toten" (V. 94) gehasst werden wird. Hierin zeigt sich, dass sie ihr Bewusstsein nicht nur auf das Diesseitige richtet, sondern auch die Dimensionen des Jenseits und des Göttlichen umfasst. Da sie an die Ewigkeit glaubt, urteilt sie anders über die Zeit. Ihr Menschenbild fußt zudem auf dem Glauben an das Göttliche. Der Mensch ist auf die Götter verwiesen und muss mit Blick auf ihre Existenz handeln und behandelt werden.

... und ihr Bewusstsein für das Ewige und Göttliche

Ismene dagegen beruft sich auf die gesellschaftlichen und politischen Gegebenheiten und bewertet Antigones Vorhaben darum als sinnlos. Gemeinsam ist beiden allerdings, dass sie anders als später Kreon den Bruder Polyneikes nicht als böse oder gut bewerten, sondern ihn schlicht als Teil ihrer Familie betrachten.

Ismenes gegenteilige Haltung

Obwohl sie nicht an Antigones Vorhaben teilhaben will, sichert Ismene ihrer Schwester Verschwiegenheit zu und erkennt ihre Radikalität als einen „Weg der Liebe" (V. 99) an, jedoch nicht ohne einen vorherigen Versuch zu starten, sie umzustimmen. Ihr erscheint Antigones Vorhaben schlicht undurchführbar zu sein und sie ahnt schreckliche Folgen voraus. Von einer geschwisterlich-liebevollen Ver-

Unversöhnlicher Abschluss des Gesprächs

[1] Oxymoron: rhetorische Figur, bei welcher zwei einander entgegengesetzte und sich widersprechende Begriffe gemeinsam verwendet werden. Ein Oxymoron wird verwendet, um einen inneren Widerspruch auszudrücken.

Die Auseinandersetzung zwischen den Schwestern Antigone und Ismene (Staatsoper Berlin 2011)

bundenheit ist bei Antigone nichts mehr zu spüren. Ihr Gefühl für die Schwester schlägt um in Hass und Ablehnung. Ismenes Appell zur Besonnenheit kann sie nicht akzeptieren und betont, das „Ungeheure" (V. 96) ertragen zu wollen. Damit deutet sie bereits ein wichtiges Motiv des Dramas an: die Fähigkeit des Menschen zur Größe und Schrecklichkeit. Das Gespräch zwischen den Schwestern endet unversöhnlich, weitere Spannungen werden zudem durch Antigones unverrückbaren Entschluss angedeutet.

Das in schwesterlicher Verbundenheit begonnene Gespräch endet somit in Entzweiung. Diese spiegelt sich auch in der formalen Gestaltung des Gesprächsverlaufs. Hat jede der dramatischen Figuren zunächst in längeren, zusammenhängenden Ausführungen (der sogenannten Rhesis) die eigene Position inhaltlich geklärt, folgt darauf ein heftiger Wortwechsel (die sogenannte Stichomythie), was den Streit und das Auseinanderdriften der Figuren voneinander anzeigt. Noch mehrmals wird dem Zuschauer ein solch musterhafter Verlauf begegnen, was dem Aufeinanderprall miteinander unversöhnlicher Positionen und dem Nicht-Gelingen der Kommunikation formal entspricht.

Musterhafte formale Gestaltung des Gesprächsverlaufs: Rhesis und Stichomythie

Musterhafter Aufbau der Szenen
Prolog, Kreon – Antigone (2. Auftritt), Kreon – Haimon (3. Auftritt), Kreon – Teiresias (4. Auftritt)

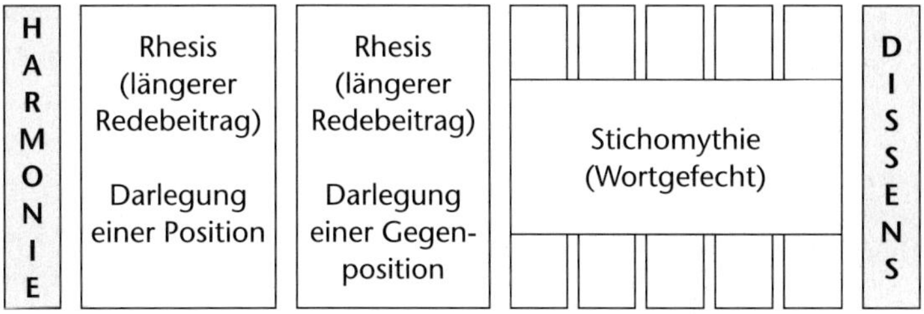

Das Einzugslied – Parodos

Der Chor reflektiert in seinem ersten Lied den Krieg der Königsbrüder um den rechtmäßigen Herrschaftsanspruch in Theben und den Verlauf des Krieges. Der Lobpreis des Sonnenlichts verdeutlicht zunächst seine Hoffnung auf die Überwindung des Krieges und den Beginn des Friedens. Der Tag, an dem die Dramenhandlung spielt, ist angebrochen. Der scharfe Kontrast zur Atmosphäre des Prologs erklärt sich dadurch, dass der Chor noch nichts von dem Bestattungsverbot und der Auseinandersetzung der Schwestern weiß. Hieran wird deutlich, dass er an den Entscheidungen des Königs nicht mitwirkt, obwohl er der Ältestenrat der Stadt ist. Kreon scheint seine Herrschaft sehr autoritär und ohne Rücksprache mit Bürgern Thebens auszuüben.

Wissensvorsprung des Zuschauers vor dem Chor

In der ersten Strophe geht es um einen Rückblick auf den Angriff des Polyneikes auf Theben. Sophokles geht dabei von der Darstellung seines Dichterkollegen Aischylos[1] aus, wonach der von Eteokles aus Theben verjagte Bruder Polyneikes die Königstochter der Stadt Argos heiratete und zusammen

Die Darstellung des Krieges und der Feldzug der „Sieben gegen Theben"

[1] Aischylos (525–456 v. Chr.): vor Sophokles und Euripides der älteste der drei großen griechischen Tragödiendichter. Er hat in seinem Drama „Sieben gegen Theben" den Kampf Polyneikes' mit den Männern aus Argos gegen Eteokles und die Thebaner thematisiert.

mit seinem Schwiegervater und weiteren Gefährten gegen seine einstige Heimatstadt zog. Dort kämpfte er gegen Eteokles, zu dessen Gefährten unter anderem Kreon gehörte.
Der Chor äußert sich parteiisch und missbilligt den Angriff. So veranschaulicht der Vergleich Polyneikes' mit einem Adler, der seinen „gierigen Rachen" (V. 121) mit dem Blut der Thebaner stillen will, die als übermächtig empfundene Bedrohung. Der Sieg der Thebaner, die vor dem Hintergrund des Mythos der Stadtgründung aus Drachenzähnen auch als Drachensöhne bezeichnet werden, wird damit begründet, dass Polyneikes hinterrücks angegriffen wurde. Zudem wähnt der Chor die Götter Zeus und Ares auf der Seite Thebens am Werk. So sei der Tod des Kapaneus (einer der „Sieben gegen Theben"), der die Mauern der Stadt übersteigen wollte, das Werk des obersten Gottes (vgl. V. 127 ff.) und die gerechte Strafe für die Selbstüberschätzung der Männer aus Argos.

Der Verlauf des Angriffs und der Sieg der Thebaner

Die wertende Einteilung der Königsbrüder Eteokles und Polyneikes als Freund und Feind durch den Chor endet jedoch in ihrem Tod. So betont er „[d]as gemeinsame Schicksal des Todes" (V. 146), das sie sich gegenseitig bereitet haben. Von Rachegedanken über den Tod hinaus ist beim Chor nichts zu spüren. Vielmehr wünscht er sich, typisch für Menschen in der Nachkriegszeit, den Frieden und die Beendigung des Leids. Von dem neuen, bereits schwelenden Konflikt weiß er noch nichts.

Die Situation der Menschen in der Nachkriegszeit

Den Sieg der Thebaner verbindet der Chor mit der Göttin Nike und beschwört Bakchos, den Schutzgott der Stadt, bei der anschließenden Feier zugegen zu sein. Daran wird deutlich, dass sowohl das Vergangene als auch das Zukünftige vom Chor religiös gedeutet werden. Das Lied wird abgeschlossen mit der Ankündigung, dass der neue Herrscher Kreon herannahe, der den Rat der Ältesten zur Versammlung herbestellt habe.

Religiöse Deutung des Vergangenen und Zukünftigen

Es wird deutlich, dass Prolog und Parodos expositorischen Charakter haben. Im Prolog wird der dramatische Konflikt zwischen den Hauptfiguren Antigone und Kreon ebenso angedeutet wie ein tiefer liegendes Thema. An dem Konflikt um das Bestattungsverbot werden exemplarisch die Möglichkeiten und Grenzen des Menschen als Individuum, in der Gemeinschaft und im Angesicht des Göttlichen verdeutlicht.

Expositorische Funktion von Prolog ...

Das Einzugslied des Chores führt die Exposition insofern fort, als für das Gesamtverständnis wichtige Informationen über die Vorgeschichte geliefert werden. Der Zuschauer weiß nun, dass die Handlung unmittelbar nach einem Krieg einsetzt, bei welchem zwei Königsbrüder, die sich die Herrschaft teilen sollten, umgekommen sind. Die Bürger der Polis Theben befinden sich also in einer Nachkriegssituation und der neue Herrscher wird sich mit dieser neuen Lage auseinandersetzen müssen. Was der Chor allerdings nicht weiß, ist, dass schon wieder neues Unheil bevorsteht, weil sich Antigone zum Widerstand gegen Kreons Befehl entschlossen hat.

... und Parodos

Erster Auftritt

Kreon tritt erstmals als rechtmäßiger neuer Herrscher in Theben vor dem Rat der Ältesten auf. Die Themen seiner Antrittsrede sind seine Regierungsgrundsätze sowie die Begründung seiner ersten Amtshandlung. Diese besteht in dem Bestattungsverbot für Polyneikes. Zwar dankt er den Göttern dafür, dass sie die Stadt gerettet haben, beruft sich aber anschließend nicht mehr auf sie, sondern spricht ausschließlich von sich selbst (vgl. V. 164f., vgl. V. 173). Mit der Metapher eines Staatsschiffs (vgl. V. 163) erinnert Kreon an das zuletzt durch Krieg und Untergang geprägte

Kreons Antrittsrede – Regierungsgrundsätze und Begründung des Bestattungsverbots

[1] Vgl. hierzu das Kapitel „Die Vorgeschichte: Das Haus der Labdakiden", S. 67ff.

Schicksal der Stadt Theben, das eng mit dem des Herrschergeschlechts der Labdakiden[1] zusammenhängt. Indem er an die durchgängige Treue des Ältestenrats zum Königshaus erinnert und sich selbst als rechtmäßigen Nachfolger präsentiert, fordert er implizit Loyalität für sich selbst ein. Da der Chor ihn noch nicht in seiner neuen Rolle, „Herrschaft ausübend und Gesetz“ (V. 177), kennt, legt er ihm seine Vorstellungen vom Staat und von den Menschen dar.

Das Wohl des Staates als oberstes Prinzip von Kreons Herrschaft

Sein Denken kreist um den Begriff des Vaterlands bzw. des Staats, den er metaphorisch als eine „Planke auf der See“ (V. 189) beschreibt, die dem Individuum Sicherheit geben soll. Darum hat für ihn die Aufgabe, den Staat zu festigen, die höchste Priorität. Die Unversehrtheit des Staatsschiffs ist für ihn die Voraussetzung für das Zustandekommen menschlicher Gemeinschaft (vgl. V. 190). Von der patriotischen Gesinnung hängt für ihn deshalb auch ab, ob er jemanden als Freund oder Feind betrachtet. So beurteilt Kreon die Menschen nach der einfachen Formel, ob sie für oder gegen die staatliche Ordnung handeln. Die Rechtmäßigkeit der geltenden Ordnung oder tiefer gehende Beweggründe des Einzelnen werden von ihm dabei nicht hinterfragt. Sein Sprechen in Superlativen (vgl. V. 179) offenbart zudem seine Tendenz zum Denken in den starren Kategorien von schwarz und weiß. Noch weiß er nicht, dass seine Worte sich rückblickend als doppeldeutig erweisen werden und er selbst die Fehler machen wird, die er nun anprangert. Es wird sich zeigen, dass er aus Starrsinn den „besten Rat“ (V. 179) eben nicht ergreifen und nicht festhalten und damit dem Wohl des Staats zuwiderhandeln wird. Indem er den Staat und sich als seinen Repräsentanten absolut setzt, ist sein Denken und Handeln unbeweglich. Er hat eine starre Vorstellung von einer Polis, die untrennbar mit den Begriffen Hierarchie, Ordnung, Gehorsam und Abgrenzung verbunden ist.

---

[1] Vgl. hierzu das Kapitel „Haus der Labdakiden“, S. 67ff.

Kreons Vorstellung von einer Polis

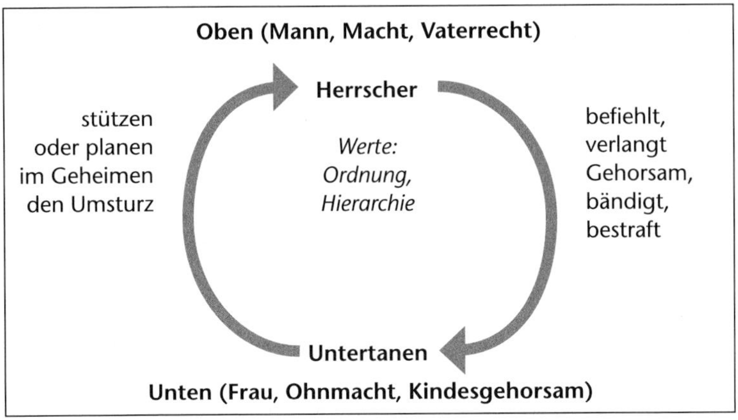

Das Bestattungsverbot – Zeichen einer uneingeschränkten Machtausübung

Aus seiner Aussage, dass ein Feind des Vaterlands niemals sein Freund sein könne (vgl. V. 187f.), leitet er die Begründung der Ungleichbehandlung der Königsbrüder noch in deren Tod ab. Während Eteokles als Verteidiger des Vaterlands und damit als Held in höchsten Ehren bestattet werden soll, bestimmt Kreon, dass Polyneikes Leiche „ein Fraß/ Den Vögeln und den Hunden, nackt und bloß" (V. 205 f.), werden soll. Seine Sprache korrespondiert hier mit der Brutalität seines Vorgehens. Über das Leben des Einzelnen hinaus glaubt er, auch noch im Tod Verfügungsgewalt zu besitzen, und missachtet dabei ungeschriebene ethische Normen, wonach jedem Toten der Eingang in das Totenreich des Hades durch eine rituelle Bestattung zu ermöglichen ist. Er will damit seine Macht demonstrieren, die er als derart groß betrachtet, dass ihr nicht einmal der Tod eine Grenze setzen kann. Zudem will er ein Exempel statuieren. An der Reaktion der Bürger auf sein erstes Gebot werde sich zeigen, wer politische Freunde und Gegner seien.

Die zweideutige Reaktion des Chors …

Der Chor erkennt zwar Kreons Vollmacht über Lebende und Tote an (vgl. V. 213), reagiert jedoch ablehnend auf seine Forderung, die Einhaltung des Bestattungsverbots zu kontrollieren. Seine Angst vor Kreon und die daraus resultierende herrschaftskonforme Haltung kommen dadurch zum Ausdruck, dass er jeden, der sich widersetzt, als „Tor, den's nach dem Tode lüstet“ (V. 220), bezeichnet. Kreon argwöhnt sogleich, dass eine mögliche Übertretung vonseiten politischer Gegner aus Gewinnsucht ausgeübt werden könnte. An ein gewichtigeres Motiv denkt er nicht und wird deshalb mit einer Form von Widerstand konfrontiert, der er in der Enge seines Horizontes nicht angemessen begegnen kann.

... und seine herrschaftskonforme Haltung

Ein Wächter kommt hinzu und meldet die Übertretung des Bestattungsverbotes durch einen unbekannten Täter. Bevor er allerdings zur Sache kommt, schildert er weitschweifig zunächst seine Reise und reflektiert anschließend ausgiebig seine unglückliche Lage. Sein freches Geständnis, auf seinem Weg getrödelt zu haben, ist eine ironisch-komische Anspielung auf die tradierte Dramentechnik des Botenberichts[1]. Auch an dem Stil des weiteren Berichts wird deutlich, dass es sich bei dem Wächter eher um eine komische Figur handelt, die so gar nicht zu der Ernsthaftigkeit und Würde der anderen Figuren passen will. So redet er lange um den heißen Brei herum und versucht, zunächst seinen eigenen Hals zu retten, bevor er die Tat schildert (vgl. V. 238 ff.). Edlere, grundsätzliche Prinzipien fehlen ihm und sein Tun dient in erster Linie dem eigenen Vorteil. Das ethische Prinzip und das menschliche Problem, welche für Antigone mit ihrem Tun verbunden sind, kann er darum nicht erkennen.

Der Wächter meldet die Zuwiderhandlung gegen das Gebot

Die Funktion des Wächters als komische Figur inmitten der Tragödie

[1] Botenbericht: vergangene Ereignisse, die in räumlicher und zeitlicher Entfernung zum Bühnengeschehen stehen, werden von einer Figur erzählt. Der Botenbericht dient damit dem Ziel, die Einheit von Ort, Zeit und Handlung zu wahren. Typischerweise erscheint der Bote außer Atem auf der Bühne, um eine wichtige Nachricht unverzüglich zu überbringen.

Kreons Härte im Umgang mit anderen schätzt er allerdings sehr zutreffend ein und er ist sich darum bewusst, dass ihm die unerwünschte Nachricht das eigene Leben kosten könnte. Dennoch berichtet er ihm schließlich davon, dass an Polyneikes Leiche die typischen religiösen Riten einer Bestattung vollzogen worden seien. Dass der Täter den Leichnam „mit Sand beworfen, nicht begraben" (V. 255) hat, verweist auf die symbolische Bedeutung der Tat, bei der es darum geht, der Seele des Verstorbenen eine Weiterexistenz im Hades (der Unterwelt) zu ermöglichen. Nach antiker Vorstellung ist der Hades ein Ort, an den die Menschen nach ihrem Tod gelangen und wo sie als körperlose Wesen weiter existieren. Am Unterweltfluss Acheron wartet der Fährmann Charon mit seinem Boot, um die Seele des Toten über den Fluss zu setzen. Für die Überfahrt ist allerdings eine ordnungsgemäße Bestattung die Voraussetzung. Unbestattete müssen so lange auf die Überfahrt warten, bis ihnen die letzte Ehre erwiesen wurde. Da der Täter nicht beobachtet werden konnte, berichtet der Bote weiterhin von einem Streit unter den Wächtern, die sich zunächst gegenseitig verdächtigt und anschließend durch das Los denjenigen bestimmt hätten, der die Nachricht überbringen müsse.

Der symbolische Charakter und die religiöse Funktion der Bestattung

Die Schilderung offenbart, dass Kreons Herrschsucht unter den Wächtern Furcht auslöst und ihnen dadurch jedes Gefühl für gegenseitige Solidarität verloren geht. Exemplarisch werden hierdurch bereits die Folgen von Kreons Herrschaftsausübung angedeutet.

Die Warnung des Chors, der in der Bestattung das Wirken der Gottheit sieht, macht Kreon rasend und er beschimpft ihn als einen „Narr" (V. 281). Dass die Ältesten der Stadt hier sein Gesetz infrage stellen, interpretiert er sofort als Widerstand gegen seine Person und reagiert emotional. Sarkastisch weist er die Vorstellung zurück, die Götter könnten ausgerechnet Polyneikes Leiche bergen wollen,

Kreons Dämonisierung seiner Kritiker als Zeichen für seinen Starrsinn dem er unterstellt, dass er als „Zerstörer ihres Lands, ihrer Gesetze" (V. 287) nach Theben zurückgekommen sei. Seine Vorstellungen von Gut und Böse, die an der politischen Einstellung festgemacht sind, überträgt er gar auf die Götter und kann aufgrund seiner starren Denkgewohnheiten nicht glauben, dass sie eine Bestrafung gar nicht wünschen. Jenen Bürgern Thebens, die sein Gebot kritisieren, wirft er zudem vor, sich nicht unter „das Joch der Pflicht" (V. 292) beugen zu wollen. Mit dieser Metapher vergleicht er sie mit Tieren, deren Wille gewaltsam gebrochen werden muss, um sie nutzbar zu machen. Mehrmals argwöhnt er als Motiv für die Zuwiderhandlung gegen sein Gebot und für die Nachlässigkeit der Wächter Geldgier und droht mit der Todesstrafe. Insofern ihm eher daran gelegen ist, seine Kritiker auszumerzen als etwa im Dialog nach den Ursachen der Unruhe zu suchen und einen Kompromiss zu schließen, erweist er sich als Gewaltherrscher. Ein demokratisches Bewusstsein ist ihm völlig fremd.

Die Doppeldeutigkeit der Wortspiele des Wächters

Der Auftritt endet mit einem Wortgefecht, bei dem sich der Wächter ungefragt noch einige doppeldeutige und ironische Bemerkungen erlaubt. Deren vollständiger Sinn erschließt sich erst mit Blick auf den Ausgang des Dramas. Besonders sein Wortspiel, dass „auch Maßgebende sich arg vermessen" (V. 323), nimmt das Motiv der Selbstüberschätzung des Menschen auf und deutet auf die selbstverschuldete Katastrophe hin. Kreon reagiert mit einer Schuldzuweisung und droht mit der Todesstrafe, um seine Würde zu retten und den Wächter loszuwerden. Seine Wut zeigt indes allerdings eher seine Ohnmacht gegen die Schlagfertigkeit und Urteilsfähigkeit des Boten.

Erstes Standlied

Die „ungeheure" Doppelnatur des Menschen

Das sogenannte Lied vom Menschen zählt zu den bekanntesten Passagen des Dramas. Thematisch geht es um das Wesen und die Leistungen des Menschen, die der Chor als „[u]ngeheuer" (V. 332) charakterisiert. Das Adjektiv ist sowohl im griechischen Original als auch in der deutschen Übersetzung doppeldeutig und bezeichnet gleichermaßen etwas Staunenerregendes, Wunderbares, Gewaltiges und etwas Schreckliches, Furchtbares, Abscheuliches. Die Aussage, dass es in der Welt nichts Ungeheureres gibt als den Menschen, wird durch den Verweis auf die Errungenschaften, Leistungen und Fähigkeiten des Menschen gestützt. Sophokles präsentiert den Menschen zunächst als Beherrscher der elementaren Naturgewalt des Meeres und der Erde. Als Seemann „fährt er seinen Weg" (V. 337) und trotzt dadurch den Stürmen und als Ackerbauer nimmt er sich unermüdlich das Lebensnotwendige von der Erde.

Der Mensch als Beherrscher der Naturelemente ...

In der ersten Gegenstrophe geht es um den Menschen als Bezwinger der Tiere. Als Jäger weiß er geschickt mit Waffen und Netzen umzugehen, um auch aus den ihm fremden Elementen der Luft und des Meeres das Getier zu erlegen. Aufgrund seiner Fähigkeit zu denken („der List'ge [...]/Der überkluge Mann, V. 346f.) ist er gar in der Lage, ihm an Größe und Kraft überlegene Tiere wie Pferde und Bergstiere zu unterwerfen.

... und der Tierwelt ...

Eine weitere ungeheure Fähigkeit wird in der zweiten Strophe thematisiert. Autodidaktisch[1] habe der Mensch gelernt, zu sprechen, schnell zu denken und Staaten zu bilden. Ein soziales Gefüge zu erschaffen und ihm eine Ordnung zu geben, stellt eine herausragende Leistung dar, die ihn über die ihn umgebende Natur erhebt. Die Polis ist somit ein Kunstgebilde, das der Mensch der Natur abgetrotzt und eigens für seine Bedürfnisse erschaffen hat. Sogar gegen widrige Naturgewalten und „heillos Leiden" (V. 363) hat er sich dank seines Intellektes Strategien wie etwa Bauwerke und medizinische Errungenschaften erwor-

... sowie seine Befähigung zur Organisation des Gemeinschaftslebens

[1] autodidaktisch: die Fähigkeit des Menschen, sich selbst ohne fremde Hilfe auf einem bestimmten Gebiet Bildung anzueignen

ben. War das Lied des Chors bislang eine einzige Lobeshymne, so nennt er jetzt eine Einschränkung. Dem Tod als absoluter Grenze kann der Mensch nicht entkommen.

Die Möglichkeit des Menschen zum Guten und zum Bösen

Die zweite Gegenstrophe widmet sich ausdrücklich der Doppelnatur des Menschen, dessen nur durch den Tod begrenzte Fähigkeiten ihn „[b]ald zum Bösen und wieder zum Guten" (V. 367) treiben. Dass der Mensch sich auch zum Schlechten wenden kann, zeigt die Kehrseite des Fortschritts und der Kultur. Ein Verhalten, das göttlichem und menschlichem Recht entspricht, ist somit nicht garantiert, sondern muss erlernt werden. Dafür braucht es Normen, die das Zusammenleben in der Polis steuern. Als Kriterien für das Gute nennt der Chor die Achtung von „Landesart/ Und Götterrecht" (V. 368 f.). Als böse und deshalb von der Gemeinschaft ausgeschlossen gilt ihm derjenige, der sich dem Unrecht verschrieben hat.

Das Thema des Chorliedes – allgemeine Reflexion über den Menschen

Das Chorlied ermisst die großartigen Leistungen des Menschen, deutet zugleich aber schon auf seine Begrenzungen hin. Eine Besonderheit besteht darin, dass in diesem Lied, anders als in anderen zeitgenössischen Texten, die technisch-zivilisatorischen Errungenschaften nicht als Göttergaben aufgefasst werden, sondern eigens auf die menschliche Lernfähigkeit zurückgeführt werden.

Die dramatische Funktion des ersten Auftritts: Steigerung der Handlung

Der erste Auftritt sowie das erste Standlied dienen der Steigerung der Handlung. Der Hauptakzent liegt dabei auf der Vorstellung einer der Hauptfiguren: Kreon. Schon durch seine Antrittsrede wird die Problematik seiner Vorstellung von der Herrschaft über eine Polis deutlich. Spannung und Neugier werden dabei auch durch den Wissensvorsprung des Zuschauers erzeugt. Während Kreon noch nach einem Täter sucht, den er sich nur als einen politischen Gegner und vor allem männlichen Geschlechtes vorstellen kann, weiß der Zuschauer schon von den wahren Hintergründen für die Tat. Ihm ist bereits bewusst, dass die Täterin eine

Frau ist, die sich eher von ethischen als von politischen Erwägungen hat leiten lassen. Nun ist er gespannt, wie Kreon reagieren wird, wenn er erfährt, dass Antigone die Täterin ist.

Zweiter Auftritt

Antigone wird als Täterin vorgeführt

Entgegen seinem Vorhaben, niemals wieder vor Kreon zu treten, kommt der Wächter zurück. Er führt Antigone als die Täterin vor, lobt sich selbst dafür, sie erwischt zu haben, und ist nun froh, selbst ungestraft davonzukommen. Ungläubig, weil er ein ganz anderes Feindbild hat, fragt Kreon nach den genauen Umständen der Überführung Antigones. Der Wächter schildert zunächst den Versuch, zusammen mit seinen Kollegen die Bestattung rückgängig zu machen, indem sie den Sand von der Leiche gefegt hätten. Da der Verwesungsgeruch so stark gewesen sei, hätten sie sich anschließend auf einen Hügel geflüchtet.

Antigones Einsamkeit und die seltsamen Umstände bei der zweiten Bestattung

Die Aussagen des Wächters über die näheren Umstände der zweiten Bestattung erwecken den Eindruck, als ob die Natur und die Götter daran beteiligt gewesen seien. So habe ein Wirbelsturm dafür gesorgt, dass die Wächter ihre Augen hätten schließen müssen und neuer Sand den Leichnam bedeckt habe. Antigone habe bei dem Toten „wie ein Vogel, der in Not/Leer sieht sein Nest und seine Brut geraubt" (V. 425 f.), gestanden und geschrien. Dieses Bild enthält bereits eine Vorausdeutung auf Antigones weiteres Schicksal: Sie wird als eine der Letzten ihrer Familie den Weg in den Tod antreten. Dass ihr dieses droht, weiß auch der Wächter, der zwar Mitleid mit ihr hat, aber letztlich froh über seine eigene Rettung ist.
Sowohl vor den Wächtern als auch nun vor Kreon bekennt sich Antigone zu ihren Taten. Den letzten Ausweg, den ihr der Herrscher bietet, indem er nachfragt, ob ihr „der Ausruf des Verbotes klar" (V. 448) gewesen sei, schlägt sie stolz aus. Durch ihre ironische Rückfrage („Wie sollt er nicht? Er

Antigone bei der Leiche ihres Bruders Polyneikes[1]
(„Antigone", Gemälde von Marie Spartali Stillman, 1844-1927)

Die Wahrung des Götterrechts als Begründung der Tat

war ja laut genug.", V. 449) wagt sie sogar eine Kritik an Kreons Machtallüren. Dass sie sehr bewusst gehandelt hat, zeigt die ausführliche Argumentation, mit der sie sich rechtfertigt. Da das Verbot nicht von Göttern wie Zeus oder Dike, Vertretern der oberen und unteren Götterwelt, ausgesprochen wurde, ist es für sie bloß „Menschenwitz" (V. 459). Demgegenüber stehe das „ungeschriebene, heilige Recht der Götter" (V. 455), das eine Bestattung der Verstorbenen verlangt. Das Bestattungsverbot Kreons empfindet sie darum als Schmerz. Antigone kontrastiert lang überlieferte religiöse Sitten mit politischen Gesetzen und bewertet Erstere als wichtiger. Des Weiteren lässt sie erkennen, dass sie mit dem Tod, den sie als unentrinnbares „Menschenlos" (V. 460) anerkennt, einverstanden ist. Ihre

[1] Entgegen der Beschreibung der Bestattung des Polyneikes bei Sophokles stellt der Künstler Antigone eine Begleiterin an die Seite. Deren zögerndes Verhalten lässt darauf schließen, dass es sich um die Schwester Ismene handelt. Herausgehoben werden durch die Darstellung der auch optisch sehr unterschiedlichen Frauentypen die charakterlichen Unterschiede zwischen den Schwestern und weniger der Bestattungsvorgang selbst.

Unabhängigkeit und Autonomie basieren auch darauf, dass sie nicht in gleichem Maße wie andere Menschen am Leben hängt.
Die Frage, wie der Charakter Antigones zu bewerten ist, wird im Stück wie auch in der Rezeptionsgeschichte unterschiedlich beantwortet. Während der Chor sie obschon als stolzes Kind ihres Vaters, aber dennoch als eine „starke Seele" (V. 472) ansieht, bezeichnet Kreon ihre Denkweise lediglich als „starre[n] Trotz" (V. 473).

Kreons Herrschsucht und sein Hass auf politische Gegner

Der König sieht in ihr vor allem die Feindin. Er betont seine Macht, wenn er in Form einer Metapher ankündigt, ihren Übermut mit „kurzem Zügel" (V. 476) bändigen zu wollen. Dabei verrät die Sprache seine Menschenverachtung. Er hält es nicht einmal für nötig, sie direkt anzusprechen, sondern spricht über sie in der dritten Person, um ihr ihre Niedrigkeit vor Augen zu halten. Außerdem geht er auf ihre Argumente gar nicht erst ein, sondern beharrt stumpf auf seine sozial höhere Position und fühlt sich in seiner Ehre gekränkt. Gar wähnt er sich als entmannt, wenn er seine Todesdrohung nicht wahr machen würde. Männlichkeit ist für ihn hier ein Synonym für Machtfülle, die er nun ausgerechnet von einer völlig machtlosen Frau bedroht sieht. Sein Denken beruht auf den Gegensätzen von Herrschern und Beherrschten. Es ist dem Antigones entgegengesetzt. Er bekennt sich offen zum Hass und schreckt auch vor dem Mord an Blutsverwandten nicht zurück (vgl. V. 485 f.). Antigone dagegen hält unter allen Umständen an der Liebe zu ihrer Familie fest und fordert darum für Eteokles und Polyneikes gleiches Recht. Kreon beurteilt seine Freunde und Feinde hingegen danach, ob sie ihm gehorsam sind. Schließlich wird der König gegen die offensichtlich überlegene Antigone hilflos und bezichtigt aggressiv und unberechtigt Ismene des Mittuns. Ohne zu überlegen oder zu zögern, will er auch die Schwester mit in den Tod schicken. Antigone antwortet herausfordernd, indem sie Kreon als Tyrannen bezeichnet, dem sich sogar der Ältestenrat nur aus Furcht und nicht aus innerer Überzeugung beuge. Sie entlarvt weiterhin die Prinzipien seiner Herrschaft als bloße Willkür (vgl. V. 506f.). Die beiden Kontrahenten äußern ihre Positionen noch einmal in einem kurzen, schnellen Wortwechsel (der sogenannten „Stichomythie"), der die Unversöhnlichkeit ihrer Positionen zeigt. Während Antigone ihr Handeln mit Blick auf die Pflichten der Blutsbande legitimiert und sich verpflichtet fühlt, ihre Angehörigen ungeachtet ihres Tuns zu lieben, glaubt sich Kreon dem Wohl des Staates verpflichtet und urteilt gemäß seiner Vorstellung von einer Polis. Der weitere Verlauf des Dramas zeigt allerdings, dass er sich in seiner Meinung, was gut für den Staat ist, irrt und diesem letztlich schadet. Sein entscheidender Fehler besteht darin, sein Verständnis von Gut und Böse auf den Bereich des Todes auszudehnen und Antigones Einwand, dass „drunten diese Ordnung" (V. 521) vielleicht so nicht gilt, nicht wahrzunehmen. Während er Polyneikes über den Tod hinaus hasst, verpflichtet sich Antigone der Liebe als einem Teil ihres Wesens. Dass sie nicht als Staatsfeindin handelt und einen Umsturz will, sondern lediglich ihren ethischen Grundsätzen folgt, kann Kreon nicht verstehen. Schroff begründet er sein Todesurteil über sie damit, dass er nicht von einer

Antigone und Kreon als Antagonisten

Antigone und Kreon (Volkstheater Wien 2011)

Frau beherrscht werden will, und offenbart damit seine eigentlichen, egoistischen Handlungsmotive.

Seine übersteigerte Angst vor einem möglichen Machtverlust lässt ihn auch gegen Ismene ungerecht und hart werden. Als sie aus dem Palast geführt wird, beschuldigt er auch sie, eine Feindin wider seinen „Thron" (V. 533) zu sein und die Tat mitgeplant zu haben. Überraschenderweise zeigt sich Ismene nun von einer völlig anderen Seite als noch zuvor im Gespräch mit Antigone. Sie bekennt sich zu der Tat und will den Tod mit ihrer Schwester teilen. Antigone jedoch weist sie streng ab und hält ihr vor, „nur mit Worten" (V. 543) zu lieben, weil sie an der Tat selbst nicht beteiligt gewesen sei. Sie kontrastiert Ismenes Lebenswillen mit ihrem eigenen Denken, das ganz auf den Hades[1] gerichtet ist („Du suchtest Beifall hier, ich aber dort.", V. 557), und lehnt ihr Opfer ab. Ismenes Motive sind ihr zuwider, weil sie außerhalb der Sache selbst begründet liegen. Diese will nicht ohne ihre Schwester leben und zugleich ihre Ehre wiederherstellen. Damit stellt Antigone Ismene zwar einerseits als ehrlos dar, findet aber dennoch die Vorstellung tröstlich, dass sie weiterleben wird.

Ismenes vergeblicher Versuch, Antigones Schicksal zu teilen

Kreon versteht die Schwestern nicht ansatzweise und verurteilt beide schlicht als wahnsinnig und böse. Dem Versuch Ismenes, ihn mit dem Argument umzustimmen, dass Antigone die Braut seines Sohnes Haimon sei, begegnet er auf brutale Art. Seine metaphorische Sprache („Es gibt noch andre Felder zu bepflügen.", V. 569) verrät das ganze Ausmaß seines Frauenhasses. Eine Frau ist in seinen Augen auswechselbar und nur dazu da, um dem Mann Kinder zu gebären. Darum kann er Ismenes Einwand, dass zwischen Antigone und Haimon eine besondere Verbundenheit bestehe, nicht begreifen. Auch die ungläubige Nachfrage des Chors zeigt keine Wirkung, denn Kreon scheint es mit der

Kreons Frauenhass und sein unverrückbarer Entschluss zu töten

[1] Hades: Der Begriff wird sowohl für den Gott der Unterwelt als auch als Synonym für den gesamten Bereich der Unterwelt verwendet.

Vollstreckung des Todesurteils eilig zu haben. Wie eng sein Denken an den eigenen Machterhalt gebunden ist, zeigt seine unbegründete Angst davor, die Schwestern könnten einen Fluchtversuch wagen.

Zweites Standlied

Das zweite Standlied des Chors thematisiert die Ohnmacht des Menschen gegen ihr von den Göttern verhängtes Schicksal und steht damit in Kontrast zu den Aussagen des ersten Standlieds von den Fähigkeiten des Menschen. Die Macht der Götter über den Menschen wird in einer kunstvollen Reihenfolge anhand der drei Götterbrüder Poseidon, Hades und Zeus gezeigt. Insofern Poseidon als Herrscher des Meeres, Hades als der der Unterwelt und Zeus als Herr des Olymps gilt, zeigt der Chor hier die Allgegenwart des Göttlichen in der Welt.

Die Ohnmacht des Menschen angesichts der Gewalt der Götter

Zunächst bezieht sich der Chor auf den Fluch, den die Götter gegen die Labdakidenfamilie verhängt haben. Dieser wirkt unaufhörlich auf dessen gesamte Nachkommenschaft, zu der auch Antigone gehört, weiter. Die Unausweichlichkeit des Fluches wird dabei metaphorisch mit der Naturgewalt eines aufgewühlten Meeres beschrieben und entstammt damit der Welt Poseidons. In den zeitlich weit zurückliegenden und damit „endlos" (V. 596) scheinenden Zusammenhang des Fluchs der Labdakiden werden nun das aktuelle Schicksal und die Tat Antigones gestellt. Mit ihrem drohenden gewaltsamen Tod rückt das endgültige Ende ihrer Familie, die ganz von der Macht des Unterweltgottes Hades umfangen scheint, näher.

Die Unausweichlichkeit des Fluchs der Labdakiden

Die Bezeugung der göttlichen Macht endet in dem Verweis auf den obersten Gott Zeus, von dem es heißt, dass er den Olymp in seinen Händen halte. Dieser Ort, auch als Gottesberg bezeichnet, gilt im antiken Griechenland als Wohnstätte und Versammlungsort der Götter, Halbgötter und deren Nachkommen. Dessen Beherrscher ist zugleich der

Zeus als Beherrscher der Zeit und der Menschen

„[e]wig[e] Herr" (V. 608) des Menschen, denn er ist anders als dieser nicht der Zeit und dem Schlaf unterworfen. Angesichts einer solchen Macht ist der Fluch der Götter für den Menschen unausweichlich.

Das Motiv der Verblendung als Ursache des Verderbens

Dennoch wird anschließend auf die Funktion der Hoffnung verwiesen, die einerseits den Menschen trösten kann, ihn aber auch täuscht und ihn dazu verführt, sich zu verrennen und dies zu spät zu bemerken. Das Sprichwort, welches der Chor zuletzt zitiert, zeigt abschließend das ganze Ausmaß der menschlichen Ohnmacht angesichts der göttlichen Fügung. Es verkündet dem von einem Gott Verfluchten eine solche Verwirrung, dass er das Schlechte für gut halte und daraufhin bald verderbe.

Doppeldeutige Anwendbarkeit der Aussagen auf Antigone und Kreon

Die Unheil verheißenden Worte beinhalten eine Vorausdeutung auf das Kommende und lassen sich teils auf Antigone, teils auf Kreon beziehen. Vordergründig scheint Antigone als Teil der Labdakidenfamilie die Verfluchte zu sein. Hintergründig aber ist Kreon derjenige, der sein Handeln fälschlicherweise für gut hält und sich selbst damit zugrunde richtet. Obwohl er auf der Bühne ist und diese Worte hört, versteht Kreon den Sinn des Sprichwortes und die darin enthaltene Warnung nicht.

Der Chor verlässt zum Schluss die sprachliche Ebene des Lyrischen und kündigt den Zuschauern das Kommen des tief erschütterten Haimons an.

Die dramatische Funktion des zweiten Auftritts: Ausgestaltung des Höhepunktes

Der zweite Auftritt sowie das Standlied stellen bereits einen ersten Höhepunkt der Handlung dar. Die Antagonisten (Gegenspieler) Kreon und Antigone sind sich begegnet, wobei die Unversöhnlichkeit ihrer jeweiligen Positionen deutlich geworden ist. Die Spannung, die zwischen ihnen entsteht, beruht auf Antithesen: In Antigone und Kreon stehen sich Frau und Mann, Familie und Staat, Götterrecht und Tagespolitik sowie Liebe und Hass gegenüber. Eine solche Kollision kann nur tragisch enden, weshalb das zweite

Standlied über die Macht des Schicksals auch einen deutlich düstereren Unterton enthält als noch das erste.

Dritter Auftritt

Der Auftritt zeigt ein Streitgespräch zwischen Kreon und seinem Sohn Haimon um die Frage nach der Rechtmäßigkeit des Todesurteils für Antigone. Der Aufbau des Auftritts entspricht dem des Prologs. Auf lange Redebeiträge, in denen die Gesprächspartner ihre Position darlegen, folgt eine Stichomythie (Wortgefecht), in deren Verlauf sie schließlich zu Kontrahenten werden und immer heftiger aneinandergeraten. Kreon beginnt die Auseinandersetzung sogleich damit, Haimons unbedingte Zustimmung für jede beliebige seiner Taten einzufordern. Dabei spricht er ihn nicht mit seinem Namen an, sondern betont mit der Betitelung „mein Sohn" (V. 632) seine Gehorsamserwartung. Haimon reagiert scheinbar zustimmend, indem er die väterliche Führungsrolle anerkennt („Dein bin ich, Vater.", V. 635) und die Bedeutsamkeit der Ehe dem väterlichen Rat unterordnet. Das Gespräch beginnt somit zunächst harmonisch. Gleichzeitig formuliert Haimon aber schon eine entscheidende Einschränkung für seine Zusage, indem er seine Folgsamkeit für den Fall, „weise" (V. 636) geführt zu werden, verspricht. Das Kriterium für Folgsamkeit ist für ihn somit die Vernunftgemäßheit dessen, was von ihm verlangt wird. Überdies zeigt er hier an, dass es ihm um eine sachlich-argumentative Auseinandersetzung geht und er nicht als Antigones Verlobter sprechen will.

Ein scheinbar harmonischer Gesprächsbeginn

Kreon überhört die Einschränkung und antwortet in Form einer weitschweifigen und monologisch anmutenden Rede, in welcher er seine Forderungen ausführt. Gleich mit seinem ersten Gebot offenbart er einen absoluten Anspruch auf Gehorsam, welcher sich leitmotivisch durch seine Gedanken und Aussagen zieht. Indem er von Haimon fordert, dass er „den Vater höher stell[t] als alles" (V. 640), äußert er

Kreons Gehorsamsforderung und sein polarisierendes Weltbild ...

sein patriarchales[1] Denken und verkennt das Recht der Götter über den Menschen. Unter Gehorsamkeit stellt er sich vor, dass der Sohn das polarisierende[2] Weltbild mit seinem Freund-Feind-Schema vom Vater übernimmt und ihn nicht durch Zuwiderhandlungen der Lächerlichkeit preisgibt (vgl. V. 647). Dabei kann er sich in seiner abgrundtiefen Frauenverachtung als Motiv für Ungehorsam lediglich „Weiberreiz und Sinnenlust" (V. 649) vorstellen. Die Möglichkeit, dass es eine andere, vernünftige Meinung geben kann, zieht er aufgrund seiner Egozentrik und seines absoluten Herrschaftsanspruchs gar nicht in Betracht. In einer solchen Enge des Denkens muss er Antigone aufgrund ihres Ungehorsams sofort als „schlechte[s] Weib" (V. 651) und somit als Feindin abwerten. Zynisch und menschenverachtend ist schließlich seine Forderung an Haimon, sie im „Hades Hochzeit halten" (V. 654) oder sie den obersten Gott Zeus anflehen zu lassen.

... sowie seine Angst vor Autoritätsverlust und Anarchie

Hinter seiner mörderischen Wut steckt die Angst vor einem möglichen Autoritätsverlust. So fürchtet er sich beständig vor dem, was in der Stadt über ihn geredet wird, wenn er seine Todesandrohung nicht wahrmachen und im eigenen Haus nicht für Ordnung sorgen würde. Er überträgt damit den Geltungsbereich seiner Herrschaft unüberlegt auf den familiären Bereich und verhält sich auch dort wie ein Alleinherrscher. Hinter der Unerbittlichkeit und Grausamkeit seiner Gesetzgebung und deren Durchsetzung steht in Wahrheit die Angst vor der Anarchie (vgl. V. 659 f., vgl. V. 672 ff.) und dem Beherrscht-Werden durch eine Frau. Er verabsolutiert seinen Herrschaftsanspruch, wenn er unbedingten

Verabsolutierung seines Herrschaftsanspruchs

---

[1] patriarchal: Das Patriarchat ist eine Herrschaftsform, bei welcher die Männer die Vorherrschaft in Familie und Staat übernehmen. Patriarchales Denken zeichnet sich demnach dadurch aus, dass dem Mann bzw. dem Vater die wichtigste Rolle zuerkannt und er als uneingeschränkter Herrscher akzeptiert wird.

[2] polarisierend: spaltend, trennend, auf Gegensätzen beruhend und Gegensätze schaffend

Gehorsam „[i]m Kleinen und im Rechten und im Gegenteil“ (V. 667) fordert. Es geht ihm nicht um das Recht, sondern um die Macht. Zudem verfälscht er, dass er durch Erbfolge und nicht durch eine demokratische Wahl an die Herrschaft gekommen ist, wenn er sich selbst als denjenigen bezeichnet, den „die Stadt bestellt“ (V. 666) hat. Für den zeitgenössischen Zuschauer, der es gewohnt war, über strittige Fragen in Volksversammlungen mit Mehrheit zu entscheiden, muss dies wie eine Warnung vor dem Rückfall von der Demokratie in die schon überwunden geglaubte Tyrannis (gewaltsame Alleinherrschaft) gewirkt haben.[1] Dennoch bestätigt der Chor Kreon in seiner Argumentation und bescheinigt ihm, ein „verständig Wort“ (V. 682) gesprochen zu haben. Ob er dies aus Opportunismus, aus Angst vor Kreon oder aus politischer Kurzsicht tut, bleibt offen.

Haimons Appell zur Besonnenheit und seine Rolle als Warner

Haimon nimmt diesen Kommentar zum Anlass, die Besonnenheit – ein Leitmotiv des Dramas – als eine Gottesgabe zu preisen. Er will rational vorgehen und schützt sich somit im Vorhinein vor dem Vorwurf, aus Liebe oder Sinnenlust zu handeln. Sodann argumentiert er in der Rolle des Mannes aus dem Volk. Damit verfolgt er zwei Ziele: Er distanziert sich einerseits geschickt von der nun folgenden Kritik und macht sich andererseits zur Stimme des vor Furcht vor Kreon verstummten Volkes. Implizit wirft er seinem Vater hier Tyrannei vor und übernimmt die Rolle eines Warners.

Übernahme der Perspektive des Volkes

Haimon hört das heimliche Gerede in der Stadt und äußert offen, dass deren Bürger Antigones Los bedauern und ihre Tat als lobenswert betrachten würden. Er will seinem Vater eine andere Meinung zu Gehör bringen, damit dieser die Möglichkeit zum Lernen bekommt. Seine Kritik an Kreon nimmt an Schärfe zu, wenn er ihn metaphorisch durch das Bild von einem Hohlraum hinter einer Fassade (vgl. V. 709)

[1] Vgl. hierzu das Kapitel „Der Zeitbezug: Die Polis Athen und die noch junge Demokratie“, S. 58 ff.

davor warnt, die eigene Meinung zu verabsolutieren und sich neuen Lernerfahrungen zu verschließen. In Form der dann folgenden Metaphern von einem starren und im Sturm entwurzelten Baum sowie von einem zu straff geführten und dann gekenterten Segelboot (vgl. V. 712ff.) will Haimon seinen Vater von der Klugheit des Nachgebens überzeugen. Er argumentiert dabei gegen das Dominanz- und Durchsetzungsgebaren des Vaters.

Kontrastierende Vorstellungen vom Regieren einer Polis

Der Chor würdigt die kontrastierenden Positionen und bleibt damit uneindeutig in seiner Meinung. Für Kreon ist dies dennoch Anlass genug, um in Wut zu geraten und statt eines Arguments auf das größere Recht des Alters zu verweisen. Es kommt zu einem heftigen Wortgefecht, als Haimon die uneingeschränkte Autorität des Vaters nicht anerkennen, sondern über die Rechtmäßigkeit der Sache – hiermit meint er die Verteidigung Antigones und ihrer Tat – sprechen will. Auf einen sachlichen Diskurs, der das Hören auf die Meinung von „Thebens Volk" (V. 733) einschlösse, lässt sich Kreon in seiner Egozentrik nicht ein. Hierdurch wird erstmals deutlich, dass es Kreon in Wahrheit einzig um sich selbst geht und er die Interessen der Polis geringschätzt. Seine Vorstellung von Herrschaft ist somit autokratisch[1]. Er glaubt, allein durch Reden und Verfügen Herrschaft ausüben zu können.

Haimon dagegen mahnt die demokratische Perspektive an („Staat ist das nicht, was eines Mannes ist.", V. 737). Als dies nicht fruchtet, wirft er dem Vater sarkastisch vor, eine Herrschaft wie die seine könne nur in einer menschenleeren Wüste ausgeübt werden (vgl. V. 739). Um eine Polis zu regieren, müsse auf andere Meinungen ge-

[1] autokratisch: Der Begriff Autokratie bedeutet übersetzt Selbstherrschaft. Gemeint ist eine Herrschaftsform, in welcher das Volk in keiner Weise an der Herrschaft beteiligt wird, sondern alle Macht in den Händen einer Einzelperson oder einer Gruppe liegt. Dies kann etwa in einer Diktatur oder in einer absoluten Monarchie vorkommen.

hört und daraus gelernt werden, damit auf dem Weg der Konsensbildung tatsächlich das Wohl aller im Blickfeld bleibe. Seinen Widerspruch stellt er in den Dienst aller Menschen und auch der Götter und rechtfertigt ihn damit, dass politische Autorität aufhöre, wo an Gottesfurcht gerüttelt werde.

Unversöhnlichkeit und Dissens als Zeichen des tragischen Endes

Kreon jedoch pocht unbelehrbar auf seine „eign[e] Macht" (V. 744), die er durch Antigones Tat missachtet sieht, und wirft Haimon vor, er sei seiner Braut hörig. Statt zu argumentieren, spricht er ein Machtwort und bleibt bei seinem unverrückbaren Todesurteil. Die Selbstmorddrohung Haimons als sein letztes Mittel gegen den „Wahnsinn" (V. 753) versteht Kreon lediglich als Schmähung. Er reagiert jähzornig mit dem überstürzten Befehl, Antigone sogleich öffentlich vor Haimons Augen hinrichten zu lassen. Mit der düsteren Prophezeiung, dass ihn der Vater niemals wiedersehen werde, stürzt der Sohn davon. Aufgrund der Unversöhnlichkeit der beiden konträren Haltungen endet der Auftritt wie auch schon der Prolog im Dissens (Uneinigkeit) und zeigt somit die Entfremdung zwischen den Mitgliedern der Königsfamilie. Ein tragischer Ausgang wird hier bereits angedeutet.

Sophokles kehrt traditionelle Vorstellungen, wonach Alter mit Weisheit und Jugend mit Unvernunft verbunden wird, um. Er zeigt, wie ein törichter Vater sein besonnenes Kind mit in den Abgrund führt, denn Haimon wird seine Selbstmorddrohung am Ende wahr machen. Nach dem Abgang des Sohnes trifft Kreon zwei Entscheidungen. Er begnadigt

Die Wahl der Todesart und Kreons Gotteslästerung

Ismene und wählt als Todesart für Antigone die Einkerkerung in ein steinernes Grab. Da er sie dort ihrem Schicksal überlässt, glaubt er, die eigenen Hände und die Polis auf diese Weise vor der „Befleckung" (V. 776) schützen zu können. Er verhöhnt damit Antigones Ehrfurcht vor den Toten und spricht ganz offen eine Gotteslästerung gegen Hades aus. Außerdem werden auch ihr damit die festgelegten Bestattungs- und Beklagungsrituale verweigert. Die Wahl der Todesart hat aber auch eine dramaturgische Funktion. Antigones Tod wird verzögert und sie bekommt die Möglichkeit zur Klage.

Kreon		Haimon
Gehorsam	**Prinzip**	Unterstützung/Beratung
Durchsetzen	**Werte**	Nachgeben
die väterliche Autorität in Familie und Staat	**Maßstab des Handelns**	die Besonnenheit/ Vernunft
vor Anarchie vor Machtverlust	**Ängste**	vor der Selbstzerstörung durch Verblendung
Eigentum des Herrschers	**Staatsidee**	Gemeinschaft vieler Gleichberechtigter
Tyrann		**Demokrat**

Drittes Standlied

Die Macht des Eros

Der Chor besingt die Macht des Liebesgottes Eros, was thematisch zunächst nicht so leicht in die Handlung einzuordnen ist. Der Ansatzpunkt zum Verständnis des inhaltlichen Zusammenhangs ist Haimons Versuch, Antigone zu retten. Dies führt der Chor wie zuvor Kreon auf seine rasende Liebe (vgl. V. 790) zu seiner Braut zurück, obwohl davon im vorangegangenen Streitgespräch nichts zu spüren war.

Eros als Jäger und Verführer zur Torheit

Eros, der „beutgierige Aar“ (V. 782), wird als ein Jäger vorgestellt, der sowohl Unsterbliche als auch Menschen erfasst und sie zur Torheit verführt. Er löst bei den Menschen die Sehnsucht nach Liebe aus und treibt als geheime Macht ihr Handeln an. Seiner Allgegenwart vermag der Mensch nicht zu entfliehen. Der Mensch gerät deshalb unter seinem Einfluss leicht in Verwirrung. Die Macht des Liebesgottes reicht bis in die Sphäre des Gesellschaftlich-Politischen hinein. So sei sie der Grund für die Verwirrung „rechtlichen Sinn[es]/

Zu ungerecht schandbarer Tat" (V. 791 f.). Es wird hiermit deutlich, dass nicht nur Rechtsüberzeugungen, sondern auch individuelle Leidenschaften das Zusammenleben der Menschen in der Polis prägen. Der Chor glaubt, dass Haimon mit seinen Ansichten Unruhe in die politischen Autoritäten gebracht hat. Die Ursache wähnt er in Haimons Leidenschaft für Antigone.

Verknüpfung der Motive Liebe und Tod

Das Lied über den Gott der erotischen Liebe endet abrupt, als der Chorführer Antigone nahen sieht und angesichts ihres Schicksales Tränen vergießt. Metaphorisch umschreibt er ihr steinernes Grab als „allbergendes Brautbett" (V. 805) und knüpft damit die Motive Liebe und Tod eng aneinander. Antigone und Haimon werden die Erfüllung ihrer Liebe nicht im Bund der Ehe erleben. Ein tragischer Ausgang scheint unabwendbar.

Die formale Funktion des Liedes

Die formale Funktion des dritten Chorliedes besteht darin, im Bewusstsein des Zuschauers eine Brücke vom ersten zum zweiten Teil des Dramas zu bilden. In diesem hat das Persönliche mit allen Gefühlsregungen weit größeren Anteil als die Darlegung von politischen und religiösen Auffassungen, welche im ersten Teil größeren Raum eingenommen haben. In dem sich anschließenden Klagelied begegnet Antigone dem Zuschauer völlig anders als noch zuvor.

Die dramatische Funktion des dritten Auftritts: tragisches Moment

Der dritte Auftritt beinhaltet das literarische Motiv des unversöhnlichen Streites zwischen Vater und Sohn. Allerdings kehrt Sophokles die sonst übliche Rollenverteilung um und lässt den Sohn als den Weiseren und Besonneneren der Kontrahenten erscheinen. Inhaltlich geht es bei dem Streit um Politik, denn Haimon wirft seinem Vater Tyrannei vor. Indem er die Perspektive des Volkes übernimmt und für den Willen der Mehrheit eintritt, repräsentiert er demokratische Werte. Mit Haimons Kritik und seinem Verweis auf heimliche Sympathisanten beginnt Kreons zunehmende Isolierung, welche in der Katastrophe enden wird. Der Abgang im Zorn, bei welchem er seinen Selbstmord ankündigt, zeigt indes eine ganz andere Seite Haimons. Sein erregtes Davonstürmen lässt die Katastrophe vorausahnen und ist somit in dramatischer Hinsicht bereits ein tragisches Moment. Von der Macht der Leidenschaften über den Menschen handelt auch das dritte Standlied des Chores von Eros, dem Gott der begehrlichen Liebe.

Vierter Auftritt

Die politische Dimension des tragischen Schicksals Antigones

Antigone singt ihr Klagelied in der Öffentlichkeit Thebens. Die Klage gehört zum integralen Bestandteil des Totenkultes und wird eigentlich von Angehörigen oder Klageweibern vorgenommen. Dass Antigone ihr Klagelied selbst anstimmt und dabei weder Haimon noch Ismene anwesend sind, veranschaulicht ihre Einsamkeit. Von der rebellischen Auflehnung Haimons gegen Kreon weiß sie nichts. Als Adressaten ruft sie die „Bürger des Vaterlandes" (V. 806) an und macht damit deutlich, dass ihr Schicksal auch eine Angelegenheit der Polis ist und somit eine buchstäblich politische Dimension hat. Doch der Chor missversteht, worum es ihr eigentlich geht.

Prüfung und Bewertung von Antigones Tat

Im Mittelpunkt des vierten Auftritts steht Antigones Tat, die geprüft und bewertet werden muss. Hintergründig geht es aber auch um die Frage, wie die Stadt mit dem Bruch eines von Kreon willkürlich aufgestellten Gesetzes und dem von ihm festgelegten Strafmaß umgeht. Obwohl Haimon im Streitgespräch mit Kreon betont hat, dass die Stadt Antigones Tat nicht nur billigt, sondern sogar heimlich bewundert, steht Antigone nun als Totgeweihte den Lebenden gegenüber. Gezeigt wird der letzte Schritt auf ihrem Weg, der von der Gemeinschaft in die Isolation und vom Leben zum Tode führt. Die Hauptfigur, die zuvor noch dem Tod unerschrocken entgegengesehen und ihn sogar noch als Gewinn bezeichnet hat, wird sich nun der ganzen Tragweite ihres Handelns bewusst.

Antigone beweint ihr nicht gelebtes Frauenleben

Sie beweint ihr Schicksal, vor ihrer Zeit und ohne ihr Leben als Frau gelebt zu haben, sterben zu müssen. Die Ehe und das Mutterwerden bedeuten ihr viel, denn erst darin sieht sie die Erfüllung ihres Daseins als Frau. Das Bild der Hochzeit wird dabei doppeldeutig verwendet, einerseits als Metapher für vollkommene irdische Freude und Erfüllung („Brautlied", V. 813) und andererseits als Metapher für die unauflösliche Bindung an den personifizierten Tod („Acheron wird mich jetzt freien", V. 816). Der Chor versucht, sie zu trösten, indem er die Einzigartigkeit ihres Todes heraushebt. So sterbe sie nicht wie andere fremdbestimmt an einer Krankheit oder in der Folge eines Krieges, sondern ruhmreich nach „eignem Gesetz" (V. 821). Er sieht somit ihren Tod darin begründet, dass sie sich in ihrem Handeln vollständig nach ihren persönlichen Vorstellungen von religiöser Pflicht und Familienliebe gerichtet hat.

Trostversuch des Chors

Vergleich mit dem Schicksal der Niobe

Antigone vergleicht ihr Schicksal sodann mit dem der Niobe. Dem Mythos nach hat diese sich wegen ihrer vielen Kinder selbst gerühmt und damit die Titane Leto beleidigt. Deren Kinder Apollon und Artemis töteten darauf Niobes gesamte Nachkommen. Sie selbst wurde in einen Stein verwandelt. In dieser Gestalt trauert sie unaufhörlich weiter um ihre Kinder. Wie Niobe muss nun auch Antigone in einen Felsen hineingehen, der ihr zum Grab bestimmt wurde. Der Chor beurteilt den Vergleich mit einer von Göttern Gezeugten zunächst als unangemessen, versucht dann jedoch, den darin liegenden Trost hervorzuheben („Wie herrlich: dasselbe Los/Mit Göttern zu teilen", V. 836f.). Durch den Vergleich wird die tragische Größe Antigones betont.

Antigones vergebliche Suche nach Zustimmung

Antigone empfindet die Worte des Chors als Demütigung. Im Widerspruch zu ihrer vormals stolzen Unerschrockenheit vor dem Tod besingt sie nun ihre Liebe zum Leben und zu der Stadt. Aus Liebe gehandelt zu haben und nun dafür mit Isolation und Tod bestraft zu werden, ist in ihren Augen ein Unrecht, das vor aller Augen geschehe und somit jeder Thebaner bezeugen könne (vgl. V. 846). Der Chor führt Antigones nahen Tod auf zwei unterschiedliche Ursachen zurück. Sie scheitere an ihrem eigenen „letzten Trotz" (V. 853), aber auch an dem Familienfluch[1], der sich vom Vater auf die Tochter weitervererbe.

Der Zusammenhang der Tat mit dem Fluch der Labdakiden ...

Das Thema der Familie nimmt Antigone auf und benennt die Verfehlungen ihrer Eltern und ihres Bruders Polyneikes. Sie sieht sich selbst verstrickt in den Fluch der Labdakiden. Dieser sei bei der Hochzeit des Polyneikes mit Argeia, der Tochter des Königs von Argos, wirksam gewesen. Erst dadurch sei der Feldzug der Männer aus Argos gegen Theben, in dessen Verlauf ihre beiden Brüder sich gegenseitig umbrachten, ermöglicht worden. Der Chor erkennt die edlen Motive ihrer Tat an („Liebesdienst ist Gottesdienst", V. 872), wirft ihr aber dennoch „selbstgewähltes Trachten" (V. 875) gegen eine letztlich unbezwingbare Macht vor. Hiermit vertritt der Chor dieselbe Meinung wie schon Ismene im Prolog: Der Staat ist mächtiger als das Individuum. Zugleich verweigert er ihr die Zustimmung zu ihrer Gewissheit, im Recht zu sein und deshalb nun völlig sinnlos und ungerechtfertigt sterben zu müssen. Antigone geht vollkommen resigniert und isoliert in den Tod.

... und das Scheitern des Individuums im Angesicht der Macht des Staates

Der Auftritt Kreons verstärkt auf brutale Weise das Bild der Trostlosigkeit, das sich dem Zuschauer bietet. Er unterbricht Antigones Abschiedsgesang vom Leben, indem er ihr in seiner Begrenztheit unterstellt, sie wolle damit lediglich die Vollstreckung seines Urteils verzögern oder gar verhindern. Mitleidslos befiehlt er, sie lebendig in das Gruftgewölbe einzuschließen. Durch seine Formulierungen wird deutlich, dass er sich und die Stadt als Einheit gegen Antigone wähnt („unsere Hände/Sind rein, was immer ihr ge-

Kreon verfügt Antigones Ausschluss aus der Polis und aus dem Leben

[1] Vgl. hierzu das Kapitel „Die Vorgeschichte: Das Haus der Labdakiden", S. 67 ff.

schehen mag./Doch unsern Tag soll sie nicht länger teilen", V. 888 ff.). Der Ausschluss aus der Gemeinschaft der Polis bedeutet zugleich das Absprechen jeglicher Daseinsberechtigung auf der Erde. Abermals wird hiermit die Macht des Kollektivs gegen das Existenzrecht des Individuums betont.

Antigones Bekenntnis zur Familien- und Bruderliebe

Ein letztes Mal kommt Antigone zu Wort. Sie weiß sich im Tod mit ihrer Familie vereint, der sie als die „Letzte" und „Unseligste" (V. 895) folgen soll. Ismene wird dabei aus dem fluchbeladenen Schicksalszusammenhang der Labdakidenfamilie ausgenommen. Antigone begründet ihr Handeln rückblickend mit dem Motiv der Familienliebe und glaubt weiterhin, dass sie dafür Achtung bei allen „Guten" (V. 904) finden werde. Obwohl sie ihr unvollendetes Frauenleben ohne Ehe und Mutterschaft beklagt (vgl. V. 917 f.), stellt sie die Bruderliebe als höherwertig dar.

Antigones paradoxe Situation: gottverlassenes Sterben als Lohn für gottesfürchtiges Leben?

Dass sie jetzt dafür bestraft wird, ihrer inneren Stimme („[n]ach solcher Ordnung musste ich dich ehren", V. 913) und ihrer Gottesfurcht gemäß gehandelt zu haben, ist ihr unbegreiflich. Ihre paradoxe Situation besteht darin, dass sie ihr Leben ganz auf die Erfüllung der göttlichen Gebote hin ausgerichtet hat und sich nun im Tod gottverlassen glaubt. Dennoch gibt sie sich in die Hand der Götter und will das endgültige Urteil über Schuld und Unschuld in deren Händen wissen. Für den Fall ihrer Unschuld schleudert sie ihren Feinden allerdings die Verfluchung entgegen, die sich später bewahrheiten wird und somit eine vorausdeutende Funktion erfüllt. Denn Kreon wird als gebrochener Mann enden.

Kreon drängt zur Eile, droht den Dienern und appelliert an Antigone, sich in ihr Schicksal zu ergeben. Diese ruft mit der Stadt und den Göttern das an, was sie liebt und von dem sie sich nun verlassen fühlt. Vergebens will sie ein Hinsehen auf Ungerechtigkeit und das Leid erreichen, das ihr widerfährt, weil sie „Heiliges heilig gehalten" (V. 943) hat.

Viertes Standlied

Der Chor besingt in seinem Lied das Schicksal dreier mythischer Gestalten: Danae, Lykurg und die namentlich ungenannte Kleopatra. Es geht um Parallelen zu der Handlung auf der Bühne und um die Einordnung von Antigones und hintergründig auch Kreons Geschick in einen größeren Zusammenhang. Dabei zeigt jedes der drei aufgeführten Beispiele einen bestimmten Aspekt der Antigone-Handlung auf.

Das Schicksal dreier mythischer Figuren als Spiegelbild der Bühnenhandlung

Dem Mythos nach wurde Danae von ihrem Vater in ein Felsenverließ gesperrt, weil ihm der Tod durch seinen Enkel geweissagt wurde. Durch diese Maßnahme konnte er jedoch der Macht des Schicksals nicht entkommen, denn Zeus kam als goldener Regen zu Danae und zeugte auf diese Weise den Perseus, der tatsächlich später seinen Großvater tötete. Die Gemeinsamkeit mit Antigone besteht darin, dass beide Frauengestalten in ein dunkles Verließ bzw. eine Grabkammer geschlossen werden.

Danaes Gefängnis

Der in der Gegenstrophe besungene Trakierfürst Lykurg hat die Verehrung des Gottes Dionysos zu verhindern gesucht. Zu dessen kultischer Feier gehörten die gottbegeisterten Frauen, die nachts mit Fackeln durch die Berge zogen. Da er sie beleidigt hat, wurde er zur Strafe in ein Felsenverließ gesperrt, wo er seinen „schäumenden Wah[n]" (V. 960) bald bereute. Sein Schicksal lässt sich auf Antigone, vielmehr allerdings auch auf Kreon beziehen. So hat Lykurg mit der Frau die Art der Bestrafung und mit dem König den Frevel gegen die Götter gemeinsam. Dramaturgisch hat dieses Beispiel die Funktion, auf das tragische Schicksal Kreons hinzudeuten, der diese Passage des Liedes zwar hört, seinen doppelten Sinn aber nicht versteht.

Lykurgs Frevel gegen den Gott Dionysos

Als drittes Beispiel wird in den zwei folgenden Strophen die Geschichte von Kleopatra, der Tochter des Windgottes Boreas, angeführt. Diese wurde von ihrem Ehemann Phineus, mit dem sie zwei Söhne hatte, unrechtmäßig verstoßen. Die Frau, die er sich anschließend nahm, blendete die bei-

Das Leid Kleopatras und ihrer Söhne

den Söhne und veranlasste, dass sie zusammen mit Kleopatra eingesperrt wurden. Der Vergleichspunkt mit diesem Beispiel liegt wiederum in dem Motiv des Gefängnisses, in das Antigone nun gehen soll.

Die Unentrinnbarkeit des Schicksals

Die Figuren aus den Mythen haben mit Antigone gemeinsam, dass sie alle ihrem Schicksal, in einem höhlenartigen Gefängnis eingeschlossen zu werden, nicht entfliehen können. In der griechischen Mythologie wird der Gedanke von der Unentrinnbarkeit vor dem Schicksal auch durch den Glauben an Schicksalsgöttinnen, sogenannten Moiren, ausgedrückt. Wem diese Tod und Zerstörung beschieden haben, der kann seinem Los nicht entkommen.

Die dramatische Funktion des vierten Auftritts: fallende Handlung

Mit dem vierten Auftritt setzt in dramatischer Hinsicht bereits die fallende Handlung ein. Antigone singt den Kommos, das Klagelied, denn ihr Schicksal des Todes ist bereits besiegelt. Ausgestoßen aus der menschlichen Gemeinschaft der Polis gehört sie, obgleich noch nicht tot, schon nicht mehr zu den Lebenden. Das Standlied nimmt das Motiv des Lebendig-Begraben-Seins auf und zieht Parallelen zwischen dem Leiden der Heldin und mythischen Gestalten, die dem zeitgenössischen Zuschauer bekannt waren.

Fünfter Auftritt

Der Seher Teiresias als Vertreter des Göttlichen

Mit dem blinden Seher Teiresias betritt ein Vertreter des göttlichen Bereichs die Bühne. Deshalb markiert sein Erscheinen den Eingriff der Götter und des Schicksals in die Dramenhandlung. Seine Fähigkeiten zur Kommunikation mit den Göttern und zur Vorhersage der Zukunft sind für das Schicksal der Stadt von größter Bedeutung, sodass ihm eine besondere Würde und eine machtvolle Stellung in der Polis zukommen. Da die griechische Religion kein heiliges Buch kennt, ist der Wille der Götter nur anhand ihrer Zeichen erkennbar. Diese können einzig von jemandem mit besonderen Kenntnissen gedeutet werden. Da Teiresias wie viele andere Dichter und Seher der Antike blind ist, ist sein Blick für die inneren Wahrheiten geschärft. In der Vergangenheit, so heißt es, habe sich sein Wort stets bewahrheitet. So wird von ihm in Aischylos' Drama „Sieben gegen Theben" berichtet, dass er einst seiner Stadt den Sieg gegen die Angreifer aus Argos unter der Bedingung vorausgesagt habe, dass ein Thebaner sich freiwillig opfere. Kreons Sohn Megareus habe sich deshalb im Verlauf dieses Kampfes selbst getötet.

Zwei Zeichen des kommenden Unheils

Kreon weiß, was er und die Stadt Teiresias zu verdanken haben, und beginnt das Gespräch deshalb zunächst einvernehmlich. Der Seher will Kreon begreiflich machen, dass sich „heute" (V. 996), an dem Tag der Vollstreckung des Urteils über Antigone, sein Schicksal entscheidet. Aus zwei verschiedenen Zeichen, der Beobachtung von Raubvögeln und dem Misslingen eines Opfers, habe er das drohende Unheil abgelesen. Die Schilderung der Vögel, die sich „mit mörderischen Krallen/Zerfleischten" (V. 1003f.), deutet auf die gegenseitige Ermordung von Polyneikes, der zuvor bereits mit einem Adler verglichen worden ist, und Eteokles hin. Teiresias hat die Befürchtung, dass die Angriffslust der Vögel etwas Schlimmes verheißt, sogleich überprüfen wollen und deshalb ein Tier opfern lassen. Dieses hatte die Funktion, den Bund der Götter mit den Menschen zu besiegeln und sie freundlich zu stimmen. Dass die Götter es nicht angenommen haben, führt der Seher auf das Bestattungsverbot für einen der Brüder zurück. Nun, da ihre Altäre durch das „Fleisch/Des unglückseligen Königssohnes" (V. 1017f.), das die Vögel und die Hunde dorthin getragen haben, auf das Schändlichste entweiht sind, sind sie der Stadt nicht mehr wohlgesinnt: Da Kreon gefrevelt habe, sei die Stadt nun krank. Mit diesem Vorwurf bewertet der Seher den Konflikt und setzt eindeutig Antigone ins Recht.

Bewertung von Kreons und Antigones Taten

Ein letzter Appell an die Einsicht und Besonnenheit

Anschließend appelliert er eindringlich an den König, die Falschheit seiner Handlung einzusehen. Nicht das Fehlermachen sei das Schlimme, sondern der Eigensinn, weil er einen Lerneffekt aus dem Vergangenen verhindere. Teiresias offenbart hier wesentliche Aspekte des im Drama postulierten Menschenbildes. Danach sind Fehler elementarer Bestandteil des Menschlichen. Entscheidend für das weitere Schicksal dessen, der einen solchen begangen hat, ist jedoch, ob er es zukünftig besser machen will und „nicht in sich erstarrt" (V. 1027). Am Starrsinn oder an der Besonnenheit also entscheidet sich, ob ein Fehler dem Menschen zum Verhängnis wird oder nicht. Um Kreon sein Unrecht vor Augen zu führen, hält er ihm die Sinnlosigkeit des von ihm verhängten Bestattungsverbotes sarkastisch vor Augen („Welch Heldenstück, den Toten nochmals töten!", V. 1030) und betont zugleich, dabei nur das Gute für ihn zu wollen.

Die Reaktion Kreons jedoch zeugt sogleich von eben dem Starrsinn, vor dem der Seher gerade gewarnt hat. Damit

Polyneikes' unbestatteter Leichnam als Unrecht wider die Götter (Staatsoper Berlin 2011)

Kreons Vorwürfe gegen Teiresias als Zeichen seines Starrsinns

besiegelt er sein Schicksal, das zuvor noch „auf Messerschneide" (V. 996) stand. Statt über das Gesagte nachzudenken, fühlt Kreon sich lediglich angegriffen. Sein Vorwurf an Teiresias, von politischen Gegnern mit Geld bestochen worden zu sein, offenbart die Stereotypie und die Enge seines Denkens. Dass er hinter jeder Kritik sogleich Gewinnsucht oder umstürzlerische Absichten vermutet und sein Vorurteil gleich auf die gesamte Seherzunft überträgt, sind Zeichen für seinen Verfolgungswahn und seine menschliche Schwäche. Unbelehrbar betont er wiederholt seine Ablehnung, Polyneikes zu beerdigen, und steigert sich dabei sogar in blasphemische[1] Aussagen hinein. Mit der Vorstellung, ein Adler könne Leichenteile bis zum Thron des Zeus bringen, wird die schon geschehene Besudelung der Altäre gedanklich noch um ein Vielfaches überboten. Zudem offenbart Kreons Behauptung, dass „Menschen Götter nicht beflecken können" (V. 1044), sein Unverständnis für das Heilige. Seine abschließende Warnung an Teiresias, dass auch Mächtige an ihrer Gewinnsucht scheitern und tief stürzen könnten, wird sich später an ihm selbst bewahrheiten.

Blasphemie gegen den obersten Gott Zeus

Unverständnis für das Heilige

Die anschließende Stichomythie zeigt ein Aufeinanderprallen unversöhnlicher Gegensätze und das Auseinanderdriften der Positionen. Wie zuvor Haimon appelliert nun auch Teiresias vergeblich ein letztes Mal an die Besonnenheit (vgl. V. 1050) und erntet von Kreon zum wiederholten Male den Vorwurf der Bestechlichkeit. Der Seher kontert mit dem Vorwurf der Machtbesessenheit und lässt sich von Kreons Unbeweglichkeit schließlich so weit provozieren, dass er ihm sein schauriges Geheimnis preisgibt. Er hat gesehen, dass Kreons Sohn Haimon als Sühne dafür sterben wird, dass sein Vater die kosmische Ordnung in ihr Gegenteil verkehrt hat. Eine Lebende ins Grab zu verbannen und

Die Stichomythie als Zeichen für das Auseinanderdriften der Positionen

Das Geheimnis des Sehers – Der Tod Haimons als Sühne

[1] blasphemisch: gotteslästerlich

einem Toten dieses zu verweigern, sei „Vergewaltigung" (V. 1073). Indem er feststellt, dass eine Leiche den unteren, dunklen Göttern gehört, setzt er Antigone ins Recht. Zugleich prophezeit er, dass sich eben diese („der Unheilstifter Hades/Und die Erinnyen", V. 1074 f.) an Kreon rächen und seine Familie ins Unglück stürzen würden. Eine Stadt, welche die Entweihung der Toten zulasse, werde sich zudem bald in Hassgefühlen selbst zerstören. Seinem Schicksal könne Kreon nunmehr, da er auf das Seherwort nicht gehört habe, nicht mehr entrinnen. Brüsk und unversöhnlich verlässt Teiresias schließlich Kreon.

Spätes Einlenken Kreons

Zuerst findet der Chor wieder Worte und erinnert Kreon daran, dass sich die Vorhersagen des Sehers in der Vergangenheit stets bewahrheitet hätten. Kreon zeigt sich zum ersten Mal erschüttert und kommt ins Schwanken. Er beschließt, den Rat des Chors zu befolgen und seine Entscheidungen rückgängig zu machen. Sein Beschluss geschieht jedoch nicht aus Einsicht, sondern aus Angst vor der „Macht des Schicksals" (V. 1106), die im vorhergehenden Standlied bereits besungen wurde. Die Befreiung Antigones und die Bestattung Polyneikes' werden nun zum Wettlauf mit der Zeit, den Kreon verliert, weil er sich kurz zuvor noch in völliger Verblendung gegen den Seher als Vertreter des Göttlichen und sogar gegen den obersten Gott Zeus gewendet hat.

Fünftes Standlied

Anrufung des Schutzgottes der Stadt

Der Chor ruft in seinem letzten Lied Bakchos (ein anderer Name für Dionysos), den Schutzgott Thebens, zu Hilfe. Dieser wird zunächst genauer vorgestellt, indem seine verschiedenen Namen, seine Taten und die Orte, an denen er sich aufhält, genannt werden. Dabei wird abermals auf den Gründungsmythos der Stadt Theben Bezug genommen (vgl. V. 1124 f.).

Bitte um Hilfe für die kranke Stadt

Bakchos ist aber nicht nur der Lokalgott, sondern auch ein Mysteriengott, der als solcher Reinigung und Heilung bringen soll.[1] Auch als Gott des Weines und des Rausches wird er verehrt. Deshalb bittet der Chor um seine Anwesenheit bei dem abendlichen „bakchischen Fest" (V. 1128) mit kultischem Charakter. Der Tag geht zur Neige und soll in Jubel und Fröhlichkeit enden. Dieser Wunsch steht in Diskrepanz zu der herannahenden Katastrophe und zeigt somit ein Fehlurteil des Chors. Dieser glaubt nämlich, mit seiner Bitte um Bakchos' Hilfe sei die „schwer Krankheit" (V. 1140), die auf der Stadt laste, noch heilbar. Er übersieht dabei die Ambivalenz des Rauschhaften, dem neben dem hellen Jubel auch eine dunkle, todbringende Seite anhaftet.

Das nahende Ende des Tages und der Dramenhandlung

Von seiner Struktur her ist dieses Lied parallel zu dem Einzugslied (Parodos) angeordnet. Wurde dort Helios, der Sonnengott, beschworen, so ist es nun Bakchos, der Gott des nächtlichen Festes. Am Anfang und am Ende des Tages, an dem die Dramenhandlung spielt, steht somit ein kultisches Lied. Die heraufbeschworene ausgelassene und fröhliche Stimmung erweist sich jedoch als voreilig. Zwar greifen mit Dionysos, der auch der Gott des Theaters ist, die Götter in die Handlung ein, jedoch nicht im erwarteten, heilbringenden Sinne.

Die dramatische Funktion des fünften Auftritts: Peripetie und Retardation

Der fünfte Auftritt, in welchem mit der Sehergestalt die Götter in das Geschehen eingreifen, beinhaltet Kreons Entschluss zum Einlenken. In dramatischer Hinsicht handelt es sich hier um eine Peripetie (Umkehr) mit anschließender Retardation (Verzögerung) der Handlung. Der Ausgang der Handlung scheint mit Kreons Entschluss, die Leiche nun doch zu bestatten und Antigone aus der Felsengruft zu befreien, wieder offen. Das Standlied, in welchem Dionysos/Bakchos um Hilfe angerufen wird, bestätigt zunächst

[1] Vgl. hierzu das Kapitel: „Von Göttern und Menschen: Antike Mythologie", S. 62ff.

diese Hoffnung auf ein gutes Ende, welche sich allerdings als falsch und trügerisch erweisen wird.

Schlussszene

Die Struktur der Schlussszene – Botenbericht, Kommos und Exodos

Die Schlussszene ist geteilt und besteht aus einem Botenbericht, einem sich anschließenden Klagelied (gr. Kommos), und dem sehr kurzen Auszugslied des Chores (Exodos). Der Botenbericht eines Dieners beendet jäh das Jubellied des Chors. Es geht um die Ereignisse auf dem Feld, auf dem Polyneikes' Leiche lag, und in Antigones Grabkammer. Diese können auf der Bühne nicht gezeigt werden, einerseits, um die Einheit des Ortes[1] zu wahren, und andererseits, um die Darstellung roher Gewalt zu vermeiden. Als Ansprechpartner des Dieners fungieren zunächst ein Chorführer und kurz darauf auch Eurydike, die Gattin Kreons und die Mutter Haimons.

Kreons tragischer Fall

Bevor der Diener die eigentlichen Geschehnisse schildert, deutet er Kreons Schicksal als tragischen Fall eines einst Glücklichen. An Kreon bewahrheiteten sich die Macht und die Wandelbarkeit des Schicksals. Sein einstiges Glück bestand in seinem Sieg über die Feinde, seiner Herrschaft über die Stadt und in seiner Familie. Insofern Glück mit Leben und Freudlosigkeit mit dem Tod gleichgesetzt wird, ist Kreon mit einer lebenden Leiche vergleichbar.

Die Frage nach der Mitverantwortung der Bürger Thebens

Mit dem Ausruf des Dieners „Tot sind sie, und die Lebenden sind schuld" (V. 1173) wird die Frage nach der Mitverantwortung für das Geschehen gestellt. Haben nicht auch der Chor bzw. die Bürger Thebens Anteil am Unheil, weil sie geschwiegen haben? Warum hat niemand Kreons Tun Einhalt geboten? Nun ist es zu spät, denn Haimon hat sich im Zorn auf seinen „Mördervater" (V. 1177) selbst getötet.

---

[1] Die dramaturgische Regel von der Einheit des Ortes sieht vor, dass die Dramenhandlung an nur einem Ort gespielt wird. Im Falle des Dramas „Antigone" ist dies der Platz vor dem königlichen Palast.

Eurydike tritt aus dem Palast. Sie hat gerüchteweise bereits gehört, dass sie etwas Schlimmes erwartet. Ihre Aussage, leidgeprüft zu sein (vgl. V. 1191), ist darauf zu beziehen, dass sie ihren Sohn Megareus verloren und als Schwester des Ödipus Anteil am Leid der Familie[1] hat. Der Bote berichtet sodann detailliert über die schaurigen Ereignisse auf dem Feld, wo Polyneikes Leiche lag, und in der Grabhöhle Antigones. Dabei wird deutlich, dass es für Kreons Entschluss, seine Taten rückgängig zu machen, in beiden Fällen zu spät war. Von der Leiche ist nämlich nicht mehr viel übrig und die Wächter haben die Götter der Unterwelt angefleht, ihre Wut darüber zu zügeln. Aus Antigones Grabkammer, in der sie ebenso wie Polyneikes unehrenhaft ohne die Durchführung des religiösen Ritus sterben sollte (vgl. V. 1207), haben die Ankommenden einen Klagelaut gehört.

Das Handeln Kreons unter dem Verdikt des „Zu-Spät-Kommens“

Der einst so stolze und unbeirrbare Kreon hat sich, als er die Stimme als die seines Sohnes erkannt hat, in eine jammervolle Gestalt verwandelt und „angstvoll“ (V. 1219) geboten, die Höhle zu betreten. Dort haben sie gesehen, dass Antigone sich mit ihrem Schleiertuch erhängt hat. Dass sie recht hatte und ihr Handeln gottgefällig war, hat sie nicht mehr erfahren. Haimon hat ihren Körper umarmt und seinen Vater verflucht. Dieser ist vor seinem Sohn in die Knie gegangen („fußfällig bitt ich dich“, V. 1230) und hat damit das hierarchische Vater-Sohn-Verhältnis umgekehrt, auf das er zuvor bestanden hat. Haimon jedoch hat ihm ins Gesicht gespien. Er hat mit seinem Vater das getan, was dieser ihm mit seiner Braut zu tun geraten hat („So spei sie aus wie einen bösen Feind“, V. 653), und wollte ihn umbringen. Da er ihn jedoch verfehlt hat, hat er sich selbst getötet und dabei sterbend Antigones toten Körper um-

Kreons vergebliche Bitte

Der Selbstmord Haimons und die Vereinigung der Liebenden im Tod

[1] Vgl. hierzu das Kapitel „Die Vorgeschichte: Das Haus der Labdakiden“, S. 67 ff.

armt. Dass den Liebenden lediglich dieses makabre „Hochzeitsfeste in der Toten Land" (V. 1241) statt eines erfüllten Lebens geblieben ist, liegt an dem von Kreon begangenen Unrecht. Eurydike verschwindet auf die furchtbaren Nachrichten hin stumm im Palast, was von dem Chorführer sogleich als ein schlechtes Zeichen gewertet wird. Seine Befürchtung, sie hege „Geheimes im erregten Herzen" (V. 1254), wird sich bewahrheiten.

Anklage des Chors und scheinbares Schuldeingeständnis Kreons

Das Klagelied beginnt zunächst mit einer Anklage des Chors. Dieser bezichtigt Kreon, sein Leid selbst herbeigeführt zu haben. Hiermit widerspricht er der Auffassung, dass der Mensch dem Zufall blind unterworfen ist. Jetzt erst, da Kreon ein gebrochener Mann ist und es für Antigone und Haimon zu spät ist, wagt er den Widerspruch. Alsdann betritt Kreon die Bühne und beklagt Haimons Tod. Er bekennt seine Schuld durch sein „wahnblindes Tun" (V. 1269) und beteuert, daraus gelernt zu haben. Dennoch wähnt er sich von einem Gott geführt und geschlagen. Hiermit schränkt er seine Eigenverantwortung sogleich wieder ein und betrachtet sich selbst als Opfer.

Der Selbstmord Eurydikes vergrößert die Katastrophe

Als ihm von dem Boten der Selbstmord seiner Gattin Eurydike gemeldet wird, beklagt er den doppelten Verlust als ein „zweischneidig Schwert" (V. 1307). Seine gesamte Familie ist nun ausgelöscht und die beiden letzten Toten haben ihn noch im Sterben ausdrücklich verflucht. Mit Eurydikes Selbstmord wird die Weissagung des Sehers überboten und die Katastrophe vergrößert. Jedoch anders als Antigone, Haimon und Eurydike hat Kreon nicht den Mut, seinem Leben selbst ein Ende zu setzen, obwohl er sich ausdrücklich den Tod wünscht (vgl. V. 1329). Seine laute Klage, die der stillen Trauer seiner Frau entgegengesetzt ist, kann den Zuschauer nicht recht berühren. Es fehlt ihr die tragische Würde, die etwa in Antigones Klagelied zum Ausdruck kommt. Während sie lebendig begraben wurde, muss Kreon nun als wandelnder Leichnam leben.

Schlussfazit des Chors

Der Chor beschließt im Exodos die Szene mit einer Art Fazit, in welchem die Leitmotive des Dramas aufgenommen werden. Die „Einsicht ins Recht" (V. 1345) wird als wichtigste menschliche Gabe gelobt und der Verblendung entgegengesetzt. Indem die Erfüllung der Gottesgebote angemahnt wird, wird betont, dass Antigones Position die richtige ist. Die Aussage, dass durch Schicksalsschläge auch im Alter Einsicht gelehrt werde, ist allerdings eher ein konventioneller Gemeinplatz. Denn obwohl Kreon sein Los nun beklagt, ist fraglich, ob er zu einem besonnenen Menschen werden wird.

Die dramatische Funktion von der Schlussszene und dem Klagelied: die Katastrophe

Die Schlussszene sowie das abschließende Klagelied beinhalten die Katastrophe. Antigone, Haimon und Eurydike töten sich selbst und Kreon bleibt klagend als gebrochener Mann zurück. Dass er überlebt, unterstreicht noch deutlicher seine Verfehlung. So bleibt er dem Zuschauer als unmoralischer und entwürdigter Mensch in Erinnerung.

Hintergründe

Der Autor: Sophokles' Lebensstationen

Herkunft und Jugend

Der Autor des Dramas „Antigone", Sophokles, wurde um 497/496 v. Chr. im Gebiet Kolonos unfern von Athen geboren. Er stammte aus einer wohlhabenden, politisch eher konservativ ausgerichteten Familie und erhielt eine umfassende geistige und körperliche Ausbildung.

Arbeit für das Theater Athens

Der Schwerpunkt seiner Tätigkeit lag darin, für das Theater seiner Stadt Athen zu arbeiten. Es heißt, er habe insgesamt 123 Tragödien verfasst und wichtige dramaturgische Neuerungen, wie die Erhöhung der Zahl der Schauspieler von zwei auf drei und die der Mitglieder des Chores von zwölf auf fünfzehn, auf den Weg gebracht. Das Ziel bestand darin, größere Lebendigkeit und mehr Spannung auf der Bühne zu bewirken und somit die dramatischen Ausdrucksmöglichkeiten zu erhöhen. Die Schauspieler wurden möglichst passend zur Rolle ausgewählt, gelegentlich agierte Sophokles auch selbst auf der Bühne. Die Entwicklung von einer rein durch einen Chor bestimmten Darstellung zum dramatischen Spiel fand zudem mit der veränderten Rolle des Chors bei dem Dichter des Dramas „Antigone" seinen Endpunkt.
Angesichts der Vielzahl und des Erfolgs seiner Stücke ist Sophokles bis heute einer der erfolgreichsten Theaterautoren. Er war ein jüngerer Zeitgenosse der beiden großen anderen griechischen Dramenautoren Aischylos (525/524–456 v. Chr.), von dem er nach eigener Aussage viel gelernt habe, und Euripides (480 – 406 v. Chr.). Anders als diese hat Sophokles seine Heimat Athen nie verlassen.

Sophokles' Lebensleistungen

Da es Sophokles gelang, mit den Themen seiner Tragödien die Menschen der Polis zu bewegen, genoss er ein außergewöhnlich hohes Ansehen. Die Juroren, die die Stücke bei Dichterwettkämpfen (sogenannten musischen Agonen) zu bewerten hatten und von deren Urteil die Aufführung an

Sophokles

den Festtagen abhing, erkannten ihm zumeist den ersten Preis zu. Nur selten musste er sich mit dem zweiten, niemals jedoch mit dem dritten Platz begnügen. Angesichts des politischen Gehaltes seiner Werke übertrug ihm die Bürgerschaft Athens auch andere Aufgaben. So übernahm er politische und religiöse Ämter. Er hat einerseits zeitweise als Schatzmeister des attischen Seebundes gewirkt, andererseits aber auch priesterliche Aufgaben übernommen. Als Priester des Asklepios[1]-Kultes machte er jenen in seiner Heimat Athen populär und wurde nach seinem Tod als Held bzw. Halbgott verehrt.

Eckdaten des privaten Lebens

Von Sophokles' privatem Leben ist nur wenig bekannt. Er war zwei Mal verheiratet und zeugte in erster Ehe mit Nikostrate einen Sohn namens Iophon. Dieser wurde später ebenfalls Dramatiker. Mit seiner zweiten Frau Theoris hatte er einen weiteren Sohn, welcher wiederum der Vater von Sophokles dem Jüngeren wurde. Auch dieser trat in die Fußstapfen seines Großvaters und sorgte beispielsweise noch dafür, dass dessen letztes Werk, „Ödipus auf Kolonos", posthum aufgeführt wurde. Sophokles selbst starb im hohen Alter im Jahr 404 v. Chr.

[1] Asklepios: in der griechischen Mythologie der Gott der Heilkunst. Charakteristisch für ihn ist sein Stab, um welchen sich eine Schlange windet. Dieses Symbol für das Heilen findet sich auch heute noch im Zeichen für Apotheken wieder.

Der Zeitbezug: Die Polis Athen und die noch junge Demokratie

Sophokles lebte und wirkte in Athen, der Hauptstadt Griechenlands und dem neben Sparta bedeutsamsten griechischen Stadtstaat (Polis). Die Herrschaftsform der Demokratie hatte sich hier wie auch in anderen griechischen Poleis nach der Beseitigung der Monarchie und einer Periode der Oligarchie (Herrschaft weniger), in der sich verschiedene Adelsgeschlechter um die Herrschaft stritten, herausgebildet. In diesem Zusammenhang kam es zu einer immer stärkeren Einbeziehung breiter Bürgerschichten in politische Entscheidungsprozesse. Die Entwicklung zur Demokratie verlief jedoch nicht gradlinig. Soziale Spannungen in dieser wie auch anderen Poleis begünstigten die Herrschaftsform der Tyrannis. Bei dieser Herrschaftsform handelt es sich um die Alleinherrschaft eines Mannes, welcher in seiner Polis zumeist durch Gewalt an die Macht gekommen ist und durch sie regiert. Erst nach verschiedenen Reformen und der Erstarkung der Polis Athen kam es im 5. Jahrhundert v. Chr. zur Herausbildung der sogenannten attischen Demokratie. Die Mitverantwortung der Bürger für die Angelegenheiten der Polis wurde institutionell verankert, sodass politische Beschlüsse erst zustande kommen konnten, wenn die Interessen in der Debatte geklärt und ein Konsens gefunden wurde.

Entstehung der Demokratie

Die politischen Veränderungen brachten auch einen Wandel des Welt- und Selbstverständnisses der Bürger mit sich. Die Angelegenheiten der Polis waren nun nicht länger in der Hand des Adels, sondern oblagen der eigenen Verantwortung. Darum musste um Werte und Normen, die zuvor durch die Erzählungen der Mythen überliefert wurden, neu gerungen werden. Eine neue, demokratische Kultur entstand, zu welcher Diskussionsrunden und philosophische Zirkel ebenso gehörten wie Gespräche auf dem Markt.

Welt- und Selbstverständnis der Bürger

Demokratische Kultur im antiken Athen („Die Schule von Athen", Fresko von Raffael, 1510/1511)

Athens Blütezeit: das perikleische Zeitalter

In Athen herrschte Aufbruchsstimmung. Durch außenpolitische Erfolge hatte der Stadtstaat die Vormacht in Griechenland, da er im Jahr 478 v. Chr. den attischen Seebund gegründet hatte und mit seiner Flottenstärke die gesamte Ägäis beherrschte. Der Stratege Perikles war seit 443/442 v. Chr. ununterbrochen an die Spitze der politischen Macht gewählt worden. In der Stadt herrschte eine Aktivität, die vom Optimismus und vom Vertrauen der Bürger in die Idee der Polis zeugte. Die Macht des Strategen Perikles wuchs indessen stetig, sodass Vorwürfe laut wurden, die Stadt sei unter seiner Herrschaft nur scheinbar eine Demokratie. Obwohl es durchaus innenpolitische Opposition gegen ihn gab und einige erhalten gebliebene Fragmente zeitgenössischer Dichter Zeugnis von öffentlichem Spott und Hohn geben, konnten sich seine Kritiker nicht durchsetzen.

Reflexion aktueller politischer Fragen im Drama „Antigone"?

Nach Meinung verschiedener Interpreten hat Sophokles in seinem Drama „Antigone" unter anderem auch die aktuelle politische Lage in seiner Stadt reflektiert. Demnach thematisiere er mit der Darstellung von Kreons Bestattungsverbot die Frage nach dem Umgang mit dem Recht und werfe die Frage auf, inwiefern er von der Willkür der Machthabenden abhänge. Die Frage, ob und inwiefern Sophokles in seinem Drama und in anderen Werken auf aktuelle politische Geschehnisse Bezug nimmt, lässt sich jedoch nicht eindeutig beantworten. Sicher ist, dass er geistige Strömungen und Zeittendenzen sehr geschickt in mythische Geschichten eingeflochten, dabei aber einzelne Geschehnisse nicht explizit herausgehoben hat.

Entstehungshintergründe des Dramas „Antigone"

In jedem Falle ist die Beziehung des Autors zu seiner Polis für die Interpretation des Dramas „Antigone" von Belang. Es gilt zu bedenken, dass er zur Entstehungszeit bereits politische Ämter innehatte und seit seiner Jugend für das geistige und politische Leben Athens Verantwortung trug. Er war somit anders als einige seiner Rezipienten und Nachgestalter des Stoffes wie etwa Jean Anouilh und Bertolt Brecht voll in den Staat integriert.

Reflexion politischer Vorstellungen im Drama

Der Bezug zu Angelegenheiten der Polis findet sich im Drama an verschiedenen Stellen. Es geht dabei sowohl um die Frage nach den Eigenschaften einer Polis als auch um die nach notwendigen ethischen Grundlagen einer solchen.

Die Polis als Sinnbild für die Überlegenheit des Menschen

So ist etwa im ersten Standlied des Dramas „Antigone" von der Fähigkeit des Menschen, sein Gemeinschaftsleben in Form von Staatenbildung zu organisieren, die Rede (vgl. V. 354). Insofern zuvor von der Unterwerfung und dem Gebrauch der natürlichen Umwelt gesungen wurde, ist die Polis hier ein Sinnbild für die Überlegenheit des Menschengeschlechtes über seine Umgebung. Sie fußt auf Fähigkeiten, die nur der Mensch hat. Dazu gehören etwa die Sprache und die rationale Überlegung anstelle des Instinktes.

In seiner Antrittsrede entwickelt der neue Herrscher Kreon eine eigene Vorstellung von einer Polis und davon, wie sie zu regieren sei. Er geht dabei von Prämissen aus, die später

Kreons Vorstellung von einer Polis – Tyrannei?

von Antigone, Haimon und Teiresias kritisiert werden. So glaubt er daran, dass innenpolitische Stabilität nur durch hierarchische Ordnung, männliche Vorherrschaft und Unterdrückung seiner Gegner zu erreichen sei. Den Staat setzt er mit seiner Herrschaft gleich und negiert dabei den Willen der übrigen Bürger. Sowohl Antigone als auch Haimon werfen ihm darum Tyrannei vor (vgl. V. 506, vgl. V. 737).

Teiresias' religiöse Deutung der Polis

Teiresias, dem blinden Seher, geht es in seiner Kritik noch um etwas anderes: Er sieht durch Kreons Bestattungsverbot und sein Todesurteil über Antigone die Rechte der Menschen und besonders auch der Götter verletzt. Die Stadt ist nach seiner Vorstellung „der Götter Herd" (V. 1083). Menschliche Gemeinschaft könne deshalb nur gelingen, wo die Götter geachtet und ihre ethischen Gebote eingehalten werden. Andernfalls würden Chaos und Anarchie drohen. Teiresias' und in Teilen auch Antigones Vorstellung von einer Polis sind somit religiös geprägt. Der Ausgang des Dramas bestätigt diese Sichtweise.

Der Chor als Sinnbild für das Kollektiv in einer Polis

Im Zusammenhang mit der politischen Akzentuierung des Dramas ist auch die Rolle des Chores interessant. Er ist gleichermaßen Kommentator wie Mitspieler. Da er aus den Stadtältesten besteht, erwartet Kreon Loyalität von ihm. Der Chor steht sowohl bei Sophokles als auch bei verschiedenen modernen Bearbeitungen sinnbildlich für das Kollektiv der Bürger. Herausfordernd wirft Antigone ihm Opportunismus und Feigheit vor (vgl. V. 504 f.), weil er sich nicht offen gegen Kreons Bestattungsverbot stellt. Am Ende, nach Teiresias' Machtwort, ändert er seine Meinung. Dennoch muss die Frage gestellt werden, inwiefern insbesondere auf ihn die Bemerkung des Dieners „Tot sind sie, und die Lebenden sind schuld" (V. 1173), mit der er den Selbstmord Antigones, Haimons und Eurydikes kommentiert, zutrifft.

Aber nicht nur einzelne Passagen lassen sich auf politische Inhalte beziehen, sondern auch der Gesamtverlauf des

Konflikt zwischen Tagespolitik und zeitlos gültigen ethischen Normen

Dramas verweist auf diese Thematik. In den beiden Auffassungen der Antagonisten Antigone und Kreon spiegelt sich der Konflikt zwischen ungeschriebenen, zeitlos gültigen ethischen Normen und aktuellen, der Tagespolitik geschuldeten Entscheidungen. Kreon glaubt, sein Bestattungsverbot sei geeignet, um seine Position als Herrscher zu stabilisieren und ein Exempel seiner Macht und Gewalt zu statuieren. Antigone dagegen verweist auf das Recht der Götter auf Polyneikes' Leiche und den Anspruch der Leiche auf ein schattenhaftes Weiterleben im Hades. Sie fragt damit auch nach der Würde des Menschen und danach, wie sie zu wahren sei. Der tragische Verlauf des Dramas zeigt auf, dass Antigone sich zwar nicht durchsetzt, aber doch recht hat. Die von ihr vertretenen Werte sind wichtiger als die Tagespolitik. Obgleich Kreon überlebt, ist seine würdelose Existenz ein Beweis dafür, dass sein Denken der Polis und ihm selbst geschadet und letztlich alle in den Ruin getrieben hat.

Von Göttern und Menschen: Antike Mythologie

Das Weltbild der Antike, wie es sich im Drama „Antigone" darstellt, fußt auf mythologischen und religiösen Vorstellungen, die unseren heutigen sehr fremd sind. Daher werden im Folgenden einige diesbezügliche Grundlagen erläutert, die für das Gesamtverständnis der Tragödie, die eine Form des Dramas darstellt, relevant sind.

Grundzüge der polytheistischen griechischen Religion

Die griechische Religion kennt viele verschiedene Gottheiten, sie ist also polytheistisch. Die Götter haben, und hierin besteht ein großer Unterschied zu den monotheistischen Religionen Judentum, Christentum und Islam, sehr menschliche Eigenschaften. Sie können leidenschaftlich und zornig, ausgelassen und kampfeslustig sein. Auch intime Verhältnisse zu den Menschen kommen vor, aus denen zuweilen Kinder hervorgehen. Deshalb gibt es auch den Zwischenstatus als Halbgott. Die Menschen verehrten ihre Götter in Ritus und Kult, welche jeweils an die konkreten, der Gottheit zugewiesenen Eigenschaften gebunden waren. So wurden beispielsweise bestimmten Gottheiten, die als Lokalgötter mit der Geschichte eines bestimmten Ortes verbunden waren, an ihren Altären Tieropfer dargebracht. Daneben gab es geheime Kulte mit eigenen Gottheiten, Mythen und Riten. Sie werden heute als „Mysterienkulte" bezeichnet. Mit der wachsenden Zahl der Anhänger konnte ein solcher Kult sich in die weitere Umgebung ausbreiten, sodass der Grad der Geheimhaltung schrumpfte und es zu einer öffentlichen Verehrung des einstigen „Mysteriengottes" kam. Ein solches Phänomen lässt sich etwa bei dem Gott Dionysos nachweisen.

Verehrung der Gottheiten in Ritus und Kult

Halbgötter, Lokal- und Mysteriengötter

Die sie umgebende Natur und ihre eigene Geschichte erschienen den Menschen als gottgegeben und durch die Götter bestimmt. Deshalb gibt es mythologische Erzählungen, die das konkrete Leben und die Beobachtungen der Menschen durch die Existenz göttlicher Mächte erklärbar machen. So ranken sich um die Schicksale einzelner Königsfamilien, von denen es heißt, sie stammten von den Göttern ab, sagenhafte Geschichten, die zunächst mündlich und später auch in Form von Epen und Dramen überliefert wurden. Die Antigone-Figur etwa stammt aus dem Mythenzyklus, welcher sich um die Herrscherfamilie des Stadtstaates Theben rankt – dem sogenannten thebanischen Sagenkreis.

Die Funktion der Mythen

Auch die Entstehung der Welt und ihre daraus resultierende Ordnung wurden durch das Wirken der Götter erklärt. Aus dem Kampf der Gottheiten resultierte der Zerfall der Welt in verschiedene Bereiche und aus ihrer weiteren Geschichte ihre Zuständigkeit für bestimmte Segmente. In der Forschung existiert die Theorie, dass die ältesten Gottheiten weiblich waren und mit dem Glauben an sie eine völlig andere Gesellschaftsform korrespondierte, in welcher

Die Weltordnung und die Zuständigkeit der Götter für bestimmte Bereiche

den Frauen die größte Macht zugestanden wurde. Mit dem Aufkommen der männlichen Vorherrschaft in Familie und Staat veränderte sich auch die Vorstellung der Menschen vom göttlichen Kosmos. Weibliche Gottheiten wurden zunehmend verdrängt und mit dem Element der „mütterlichen" Erde gleichgesetzt, während männliche Gottheiten in das Element des Himmels bzw. des Olymps projiziert wurden. Deshalb kennt das antike Griechenland die Unterscheidung zwischen unteren, erdhaften, sogenannten chtonischen Göttern und oberen, sogenannten olympischen Gottheiten. Daneben unterscheidet man noch das Element des Meeres. Dem Mythos nach ist der Kosmos unter den drei Götterbrüdern **Zeus** (dem Beherrscher des Himmels und der Erde), **Poseidon** (dem Herrn des Meeres) und **Hades** (dem Herrn der Unterwelt) aufgeteilt. Der Name Hades wird auch als Synonym für die Welt der Toten gebraucht.

„Untere" und „obere" Gottheiten

Den chtonischen (erdhaften) Göttern wird neben der Macht über den Tod auch die über das Leben zugewiesen. Zu ihnen gehören neben Hades auch etwa **Dike**, die personifizierte Gerechtigkeit, und die **Erinnyen**, unheimliche Rachegöttinnen, welche Frevler oder Verbrecher verfolgen und sie in den Tod oder Wahnsinn treiben. Antigone beruft sich bei der Rechtfertigung ihrer Tat auf Dike und Teiresias prophezeit Kreon, dass die Erinnyen sowie der „Unheilstifter Hades" (V. 1074) ihn für sein frevelhaftes Tun verfolgen und bestrafen werden.

Die „unteren" Götter und ihre Funktion im Drama

Die Unterwelt ist von der Welt der Lebenden streng abgetrennt und niemand kann von dort zurückkommen. Um in dieses Schattenreich zu gelangen, muss der Unterweltfluss **Acheron** überquert werden. Antigone benutzt in ihrer Klage dessen Namen als Synonym für den Tod. Der Fährmann **Charon** wartet am Ufer und nimmt diejenigen mit in sein Boot, welchen eine rituelle Bestattung zuteilwurde und denen zudem ein Obolos, eine Münze für die Überfahrt, un-

Die antike Vorstellung von der Unterwelt und die Bedeutung der Bestattung

ter die Zunge gelegt wurde. Unbestattete hingegen können nicht an den Ort kommen, der für sie bestimmt ist, was sowohl ihr persönliches Recht auf eine Weiterexistenz als körperloses Wesen als auch das Recht der unteren Götter auf den Leichnam verletzt.

Die „oberen" Götter und ihre Funktion im Drama

Die „oberen" (olympischen) Götter haben andere Funktionen und sie sind in erster Linie für die Lebenden und deren diesseitiges Schicksal verantwortlich. **Zeus**, der Herr des Olymps, gilt gleichermaßen als Göttervater als auch als Sippenschützer und Hausvater der Menschen. Als solcher wacht er über die Familien und ihren Besitz und tritt für Freiheit und das Recht ein. Es gibt kaum einen menschlichen Lebensbereich, in welchem er keine Rolle spielt. Aufgrund seiner Machtfülle wird er im Drama sehr häufig genannt.

Ares ist der Gott des Krieges und gilt als eine Personifikation wilder, ungezügelter Kampfesleidenschaft. Wo ein Krieg stattfand, glaubte man diesen Gott mit am Werke. Der Chor beruft sich deshalb auf seine Gegenwart beim Kampf der Thebaner gegen die Argiver, von welchem das Einzugslied, der Parodos, handelt. Ares gilt als der Geliebte der **Aphrodite**, der Göttin der Schönheit und Liebe. Ihr Wirken wird im Drama „Antigone" in einem Zuge mit dem des Gottes **Eros** genannt, denn auch er gilt als Liebesgott. Der Chor widmet ihm das dritte Standlied und zeigt damit die gewaltige Macht der Leidenschaften auf das menschliche Handeln und somit auch auf die Dramenhandlung.

Auch das fünfte und letzte Standlied ist einem einzelnen Gott, **Dionysos**, gewidmet. Dieser Gott ist eine mehrdimensionale Persönlichkeit. Seine Funktionen wie auch seine Namen (auch Bakchos, Iakchios) sind vielfältig. Die Ursprünge dieses Gottes liegen in einem Mysterienkult, der sich nach und nach weiter ausbreitete, sodass sich sein Einfluss vergrößerte. Er gilt als Gott des Weines und des Rausches und wurde deshalb in ekstatischen, wilden Feiern verehrt. Unter seinen Anhängern gab es viele Frauen, die sogenannten Bakchantinnen, welche ihm zu Ehren nachts mit lodernden Fackeln durch die Berge zogen. Die Ausbreitung seines Kultes wurde aufgrund der Rauschhaftigkeit nicht überall begrüßt. So gab es auch Gegner. Unter diesen war **Lykurg**, der König der Edonier in Thrakien. Dass er Dionysos aus seinem Land vertreiben und seinen Kult verhindern wollte, büßte er dem Mythos nach schwer. Von seinem Schicksal singt der Chor im vierten Standlied. Dionysos kommt im Drama aber auch noch in anderer Hinsicht vor. So gilt er als Lokalgott Thebens und ist deshalb mit der Geschichte der Stadt eng verbunden. Daneben ist er auch der Gott des Theaters, denn aus den einst orgiastischen Feiern entwickelte sich nach und nach die Gattung des Dramas.

Tragik an der Grenze zwischen menschlicher Autonomie und göttlicher Autorität

In einem Kosmos, der solchermaßen von den Göttern beherrscht ist, ist das Leben des Menschen eng mit dem göttlichen Wirken verbunden. Ob jemand Glück oder Unglück erlebt, hängt von ihnen und ihrem Willen ab. Ein schwerer Fehler des Menschen liegt nach antiker Vorstellung deshalb

Dionysos beim Tanz (griechische Vasenmalerei)

darin, sich als Mensch eine Macht anzumaßen, die nur den Göttern gebührt. Maßloses und übermütiges, frevelhaftes und hochmütiges Handeln wird mit einem eigenen Begriff aus der griechischen Ethik, dem der Hybris, gebrandmarkt. An der Verfehlung, sich selbst zu überschätzen, setzen die Schicksalsgötter an und lassen den Menschen in Verblendung geraten. Das tragische Geschehen entwickelt sich also an der Grenze zwischen menschlicher Autonomie und göttlicher Autorität. Das Leitbild für das menschliche Handeln ist die Besonnenheit und die Selbstbescheidung. Die Tragödie zeigt, dass diese Tugenden jedoch häufig nur aus dem Leiden erlernt werden können.

Die Vorgeschichte: Das Haus der Labdakiden

In der griechischen Mythologie wird mit dem „Haus der Labdakiden" ein königliches Geschlecht bezeichnet, das über Generationen die Herrschaft über die Stadt Theben innehatte. Zu seinen Ahnen gehörten sogar Götter und Göttinnen, weshalb das Schicksal dieser Familie verschiedene griechische Dichter und Zeitgenossen des Sophokles inspiriert hat, Teile davon dramatisch auszugestalten. Auf diese Weise entstand aus dem Mythos um das Herrschergeschlecht der Labdakiden ein Zyklus verschiedener Dichtungen, die an verschiedenen Stellen der Geschichte einsetzen. „Antigone" ist eine davon. Um die Tragik der Labdakidenfamilie und ihrer einzelnen Mitglieder umfassend deuten zu können, ist die Kenntnis des Gesamtkontextes von Belang. Es heißt, das Geschlecht sei mit einem Fluch belegt, den die Götter aufgrund einer Verfehlung über Laios, einen Stammvater der Familie, verhängt haben. Dieser bewirke über Generationen hinaus neues Unglück und treffe somit auch Antigone als eine Nachfahrin des Laios.

Die Labdakidenfamilie als Herrschergeschlecht in Theben

Zu den Vorfahren der Labdakiden gehören der Sage nach die Götter Zeus, Hera, Ares und Aphrodite. Aus der Verbindung der beiden Letztgenannten ging Kadmos hervor, welcher als Gründer der Stadt Theben gilt. Dessen Enkel, Labdakos, welcher dem Geschlecht seinen Namen gab, übergab die Herrschaft über Theben seinem Sohn Laios, welcher Jokaste, die Tochter des Menoikeus (welcher zugleich der Vater Kreons ist), heiratete. In Wahrheit hatte sich Laios jedoch in den Sohn des Königs Pelops verliebt und entführte ihn gewaltsam nach Theben. Pelops verfluchte Laios: Er solle, wenn er einen Sohn bekomme, durch dessen Hand den Tod finden. Laios und Jokaste wurden von einem Seher gewarnt und wollten, als sie einen Sohn bekamen, dem Fluch entkommen. So ließen die Eltern den Knaben im Gebirge aussetzen und durchstachen ihm die Fußknöchel. Das Kind namens Ödipus wurde jedoch von einem Hirten gerettet und nach Korinth gebracht, wo es in dem Bewusstsein aufwuchs, der Sohn des dortigen Königs Polybos zu sein.

Die Verfehlung des Laios als Ursprung des Fluches

Als Zweifel an seiner Abstammung aufkamen, befragte er das Orakel und bekam die Auskunft, er werde seinen Vater töten und seine Mutter heiraten. Entsetzt floh er aus Korinth, um diesem Schicksal zu entgehen und seine vermeintlichen Eltern zu schonen. Unterwegs traf er jedoch auf Laios, erkannte ihn nicht, geriet in Streit mit ihm und tötete ihn, sodass sich der erste Teil des Fluches erfüllt hatte. Schließlich gelangte er nach Theben, befreite die Stadt von einem Ungeheuer, der Sphinx, und wurde darum von den Bürgern als Herrscher eingesetzt. Als neuer König von Theben heiratete er die Witwe des Laios, Jokaste, seine leibliche Mutter, und erfüllte damit unwissentlich auch den zweiten Teil des Fluchs. Vier Kinder gingen aus dieser Verbindung hervor: Eteokles und Polyneikes, Antigone und Ismene. Eines Tages erkannte Ödipus die Wahrheit und blendete sich aus Entsetzen und Schuldgefühl selbst. Er übergab die Herrschaft in Theben seinen Söhnen Eteokles

König Ödipus und seine Machtlosigkeit gegen das Schicksal

und Polyneikes mit der Auflage, sie sollten sie im jährlichen Wechsel ausüben, und zog selbst fort. Seine Tochter Antigone begleitete den nun blinden Vater auf seinen Wanderungen durch die Berge und blieb bei ihm, bis er starb. Eteokles wollte bereits nach dem ersten Jahr die Herrschaft nicht an seinen Bruder abgeben, sodass dieser Theben zornig verließ. Er kam nach Argos, gewann die Hand der Königstochter und plante gemeinsam mit seinem Schwiegervater einen Feldzug gegen den Bruder. Er wollte sich die Herrschaft gewaltsam zurückerobern und nahm auf seinem Feldzug Krieger aus Argos mit. An der Seite des Eteokles kämpfte auch Kreon. Da der Seher Teiresias den Thebanern den Sieg für den Fall vorausgesagt hatte, dass sich einer von ihnen freiwillig opfere, beging Kreons Sohn Megareus Selbstmord. Im Kampf kamen beide Brüder, Eteokles und Polyneikes, um. Theben gewann, sodass die Herrschaft gemäß der Erbfolge an den Onkel der königlichen Geschwister, Kreon, fiel. Die Handlung der sophokleischen „Antigone" setzt ein, nachdem die beiden Brüder im Kampf gefallen sind und Kreon, der neue König Thebens, ein erstes Gesetz erlässt. Eteokles soll ehrenvoll bestattet werden, Polyneikes Leiche aber soll unbestattet den Tieren ein Fraß sein.

Der Streit der Erben des Ödipus: „Sieben gegen Theben"

Zur Gattung: Die griechische Tragödie

Für das Verständnis des Dramas „Antigone" ist neben den inhaltlichen Akzenten auch der formale Aufbau von Bedeutung. Dieser obliegt bestimmten festgelegten Regeln für die Gestaltung einer Tragödie, die sich im Laufe der Entstehungsgeschichte des griechischen Theaters herausgebildet haben. Der Ursprung des Theaters liegt im kultisch-religiösen Ritus. Zu Ehren des Gottes Dionysos, welcher als Gott der Fruchtbarkeit und des Rausches galt, wurden kultische Feste mit ausgelassenem Charakter abgehalten. Die Gewohnheit, dass

Der Dionysoskult als Ursprung des Theaters

Das Dionysostheater Athens

sich bei den sogenannten „Dionysien" die Festgemeinde verkleidete und maskierte, um sich durch Tanz und Festumzug in die Begleiter des Gottes zu verwandeln, kann als eine Vorform der dramatischen Gattung gelten. Dabei ertönte ein Festgesang, der dazu diente, den Gott anzurufen und ihn um sein Erscheinen zu bitten. Aus dem Wechselgesang zwischen Vorsänger und Chor entwickelte sich allmählich die Gattung des Dramas. Elemente aus dem Epos[1] wurden übernommen. Mit der Erhöhung der Schauspielerzahl wuchs auch die Möglichkeit, die lyrischen Chorpartien durch das Rollenspiel zu ergänzen. Da die Schauspieler Masken trugen, war es ihnen möglich, gleichzeitig mehrere Rollen zu spielen. Um die darstellerischen Möglichkeiten zu erhöhen, wurden Bühnenhäuser und Spielorte gebaut, welche das zuvor ortsungebundene kultische Spiel auf einen bestimmten Ort festlegten.

Zugleich waren nicht mehr alle Anwesenden rauschhaft-ekstatisch vom Geschehen ergriffen, sondern wurden zu Zuschauern.

Das Zusammentreffen von mythischen Weisheiten und rationalem Diskurs

Die Entstehung des Theaters aus dem Dionysoskult fiel zeitlich mit der Entwicklung einer neuen politischen Ordnung, der Demokratie, zusammen. In diesem Zusammenhang spielte die Kultivierung des Streitgesprächs und der Auseinandersetzung mit politischen Fragen eine wichtige Rolle. Gleichzeitig behielten die überlieferten Mythen nach wie

[1] Epos: Als Epos wird die historisch früheste erzählende Großform bezeichnet. Ein Epos beinhaltet thematisch geschichtliche, mythologische oder märchenhafte Überlieferungen wie etwa Götter- oder Heldensagen, die mündlich weitergegeben wurden.

vor ihre Gültigkeit. Die Tragödie, die in jener Zeit entstand, spiegelt einen Prozess, bei welchem die alten, im Mythos tradierten Weisheiten auf die neue Kultur des Streites treffen. So ist das Drama „Antigone" wie viele andere aus dieser Zeit ein Beispiel dafür, wie der Dichter Themen aus dem Bereich des Zusammenlebens in der Polis in eine mythische Vergangenheit projiziert, um so den Zuschauer zum Nachdenken anzuregen.

Formelemente der Tragödie

Im formalen Aufbau der Tragödie finden sich außerdem noch ursprünglich aus dem Dionysoskult stammende Elemente. Der lyrisch-kultische Gesang zu Ehren des Gottes (der sogenannte „Dithyrambos"), welcher von einem maskierten Männerchor vorgetragen wurde, blieb erhalten. Mit dem Parodos, dem Einzugslied, betrat der Chor die Bühne von der Seite her. Das Stasimon (das Standlied) sang er dagegen von einem Platz auf der Bühne, an welchem er Aufstellung nahm, und ging zum Ende des Schauspiels mit dem Exodos, dem Auszugslied, wieder ab. Zu diesen ältesten Formelementen trat das Spiel zunächst nur eines einzigen Schauspielers in einer Rolle hinzu. Sein Auftritt wurde Epeisodion genannt. Seine Funktion bestand darin, als Berichterstatter den Zuschauern die Schicksale mythischer Könige oder Helden nahezubringen. Da ihr Leiden im Vordergrund stand, wurde dieses Formelement Kommos (Klagelied) genannt. Mit der Erhöhung der Schauspielerzahl wurde aus dem bloßen, dem Epos nachempfundenen Bericht das Schauspiel. Die Tragödie bezieht diese Formelemente mit ein und entfaltet sie zu einer geschlossenen Handlung.

Das Drama „Antigone" als Zweifigurenstück

Die Handlungsführung des Dramas „Antigone" beruht insbesondere auf dem Kontrast zwischen den beiden Hauptfiguren Kreon und Antigone. Deshalb wird es auch ungeachtet der übrigen Mitspieler als ein Zweifigurendrama bezeichnet. Es besitzt mit der Darstellung der Antagonisten und deren Schicksal ein doppeltes Zentrum und die Handlung entwickelt sich in der grundlegenden Form des Streites. Obwohl die Figuren einander entgegengesetzt sind, sind sie doch aufeinander bezogen. So ist es auffällig, dass sie sich auf die gleichen Begrifflichkeiten beziehen, diese jedoch mit anderen Inhalten füllen. Insbesondere die sprachlichen Kontraste Freund/Feind, Liebe/Hass, Leben/Tod werden von beiden gleichermaßen verwendet und zeigen, mit welcher Radikalität und Kompromisslosigkeit beide aufeinanderprallen und dabei untergehen.

Das Drama als Zweifigurenstück

Antigone	Leitbegriffe	Kreon
der Familie Wohlgesonnene	**Freunde**	staatstreue Untertanen
diejenigen, die das Recht der Götter und die Pflichten der Blutsbande missachten	**Feinde**	Ungehorsame/ Staatsfeinde
Priorität der ungeschriebenen ewigen und göttlichen sittlichen Gebote (z. B. das Bestattungsgebot)	**Recht/ Gesetz**	vom Herrscher festgesetzte und öffentlich verkündete politische Gesetze
gegen diejenigen, die das Recht der Toten und der Götter missachten	**Hass**	gegen politische Feinde
Liebe, Priorität der Bruderliebe	**Liebe**	Verhöhnung der Liebe
Ausrichtung auf das ewige, jenseitige Leben		**Ausrichtung auf das eigene Ansehen im Volk, Angst vor dem Beherrschtwerden durch eine Frau**

Wirkung und Verarbeitung des Antigone-Stoffs

Die Geschichte der Antigone hat seit ihrer ersten Aufführung viele Menschen begeistert und zur Auseinandersetzung herausgefordert. Zahlreiche Deutungen sowie Nach- und Neuschöpfungen bestätigen die ungebrochene Aktualität des Stoffes bis in die heutige Zeit hinein. Ein Grund dafür ist sicher die komplexe Thematik, die zentrale Fragen des menschlichen Miteinanders aufgreift und problematisiert: Welche Macht gebührt dem Staat gegenüber dem Einzelnen? Unter welchen Umständen ist Widerstand gerechtfertigt? Welches Verhältnis besteht zwischen göttlichen und menschlichen Sitten und Gesetzen? Wie stehen die Geschlechter zueinander? Wie muss sich die Welt der Lebenden zu der der Toten verhalten? Wie leben Menschen in Familienstrukturen und was sind sie innerhalb dieser einander schuldig?

Der Übersicht halber sollen zunächst die wichtigsten und einflussreichsten Deutungsvarianten vorgestellt werden. Anschließend werden zentrale moderne Neufassungen des Antigone-Stoffs und ihre jeweilige Akzentuierung aufgeführt. Die drei für das 20. Jahrhundert wohl einflussreichsten Adaptionen von Jean Anouilh, Bertolt Brecht und Rolf Hochhuth finden dabei besondere Berücksichtigung.

Deutungsvarianten:

Eine vielbeachtete und einflussreiche Deutung der „Antigone" ist die des Philosophen Friedrich Hegel (1770–1831). Er sieht in den Kontrahenten Antigone und Kreon Vertreter der gleichberechtigten Prinzipien von Familie und Staat. Insofern beide gleichwertig nebeneinander existieren, zugleich aber einseitig sind und daher das jeweils andere Prinzip verletzen, müssen sie tragisch aneinandergeraten.

Konflikt zweier gleichwertiger Prinzipien

Ein dem entgegengesetzter Deutungsansatz sieht Antigone eindeutig im Recht. So lobt etwa der Schriftsteller Friedrich Schlegel (1772–1829) Antigones Handeln, das

Recht gegen Unrecht

auf das Gute ziele. Der Charakter der Heldin sei die Göttlichkeit. Ein Zeitgenosse von Hegel und Schlegel, der Dichter Friedrich Hölderlin (1770–1843), übersetzt die Tragödie recht eigenwillig und kommentiert seine dichterische Deutung in den „Anmerkungen zur Antigone". Damit entwirft er ein literarisches Meisterwerk, welches vielen späteren Bearbeitungen als Grundlage dient.

Der dänische Philosoph Sören Kierkegaard (1813–1851) verlagert seine Deutung allein auf die Figur der Antigone. Kreon kommt bei ihm nicht vor. Antigone ficht stattdessen einen innerpsychischen Konflikt aus, weil sie allein um das Geheimnis ihres Vaters Ödipus und dessen schuldhafte Verstrickung in Vatermord und Inzest weiß. Ihre Zerrissenheit resultiert aus dem Gefühl der Verpflichtung gegenüber dem Vater einerseits und dem Verlobten Haimon andererseits, dem sie die Wahrheit gern anvertrauen möchte.

Innerpsychischer Konflikt

Ein weiterer Interpretationsansatz, welchen Christian Meier (geb. 1929) in seinem Werk „Die politische Kunst der griechischen Tragödie" verfolgt, fragt nach den konkreten politischen Umständen, die bei der Entstehung der „Antigone" eine Rolle gespielt haben. Demnach spiegeln sich in dem Stück die politischen Probleme Athens wider, das unter der Herrschaft des Perikles stand und von seiner demokratischen Vergangenheit immer weiter abzurücken drohte. Kreons Bestattungsverbot soll den Zuschauer demnach zum Nachdenken darüber anregen, inwiefern das geltende Recht in einer Tyrannis zu einer Sache der Willkür des Herrschers wird. Antigone dagegen repräsentiert – ausgerechnet als Frau, die in der damaligen Gesellschaft keine Rolle gespielt hat – ein Handeln aus bürgerlicher Verantwortung.

Warnung vor den Folgen der Tyrannis

Der Psychoanalytiker Erich Fromm (1900–1980) sieht in den Antagonisten Antigone und Kreon zwei miteinander konkurrierende Gesellschaftssysteme verkörpert. Er bezieht sich dabei auf die Ergebnisse des Matriarchatsforschers J.J.

Kampf zwischen zwei Gesellschaftssystemen

Bachofen (1815–1887), welcher die These vertritt, dass ursprüngliche, frühere Gesellschaften auf dem Mutter- statt dem Vaterrecht basierten. Mit der Durchsetzung des Patriarchats (des Vaterrechts) wurden ihm zufolge in religiöser und politischer Hinsicht alte Werte verdrängt und durch neue ersetzt. Im Antigone-Mythos, so Fromm, spiegele sich der Kampf zwischen der alten, matriarchalischen Welt und dem herannahenden Patriarchat. Antigone und Haimon verkörpern dabei die im Vergehen begriffenen Werte der Blutsverwandtschaft, der Gleichheit aller Menschen, der Achtung vor dem Leben und der Liebe. Kreon dagegen steht für die neue Ordnung, in welcher die Bindung zwischen Mann und Frau und zwischen Herrscher und Beherrschten Vorrang vor den Bindungen des Blutes hat. Hier gelten die Prinzipien der Ordnung und Autorität, des Gehorsams und der Hierarchie. Darin, dass Kreon als Einziger überlebt, zeigt sich der Sieg der patriarchalen Gesellschaftsordnung. Dass er als gebrochener Mann endet, ist zugleich aber auch eine moralische Bankrotterklärung der neuen Ordnung.

Sieg des Patriarchats über das Matriarchat

Unter dem Eindruck des Ersten Weltkrieges greift der Schriftsteller Alfred Döblin (1878–1958) in seinem Roman „November 1918" Antigone als Symbolfigur des Widerstands gegen einen militärisch beherrschten, autoritären Staat auf. Die Hauptperson des Romans, ein Gymnasiallehrer namens Dr. Friedrich Becker, versucht vergeblich, bei seinen Schülern Verständnis für Antigones Widerstand gegen den Staat und ihre Hochachtung vor der Welt der Toten zu wecken. Da diese jedoch durch den Zeitgeist geprägt sind, beharren sie einseitig auf dem Recht des Staates und der Gehorsamspflicht der Bürger und sehen somit Kreon im Recht. Der Protagonist Dr. Becker wächst indes immer mehr in die Rolle der Antigone hinein, indem er entgegen aller Vernunft an der Beerdigung seines wegen Homosexualität geächteten Direktors teilnimmt, für einen in die

Adaptionen:

Alfred Döblin – Antigone als Gegenmodell zum Zeitgeist

Außenseiterrolle gedrängten Schüler eintritt, schließlich seinen Dienst quittieren muss und stirbt.

Walter Hasenclever – Antigone als messianische Symbolfigur des Pazifismus

Auch das Theaterstück „Antigone" (1917) des expressionistischen Schriftstellers Walter Hasenclever (1890–1940) entsteht unter dem Eindruck des Krieges. Hasenclever stellt die Hauptfigur Antigone als priesterlich-prophetische Figur dar, die sich opfern will, um die Menschen aufzurütteln und dem Kreislauf von Krieg und Vernichtung ein Ende zu setzen. Mit ihrer Forderung nach Humanität und Liebe gewinnt sie schließlich das Volk Thebens, das zunächst ihren Tod gefordert hat, für sich und wird durch ihren Opfertod zu einer Messias-Figur stilisiert. In ihrer Forderung nach einer neuen Welt, ihrem Leiden für das Volk und ihrer Auferstehungs-Ankündigung wirkt sie wie ein weiblicher Christus.

Die „Antigone" des Jean Anouilh

Jean Anouilh – Antigone als jugendliche Rebellin und als Widerständlerin

Weitere dramatische Adaptionen stehen unter dem Einfluss des Zweiten Weltkrieges. Eine wichtige Neufassung stellt die „Antigone" (1944) des französischen Dramatikers Jean Anouilh dar. Dieser übernimmt den Kern des originalen Handlungsgefüges, nimmt jedoch als Zeichen für das Fehlen einer metaphysischen Dimension den blinden Seher Teiresias heraus. Stattdessen fügt er dem Ensemble die Figur einer Amme hinzu, welche anzeigt, dass er Antigone in erster Linie als Vertreterin einer rebellischen Jugend interpretiert, die sich mit der Idee des kleinen bescheidenen Glückes nicht abfinden will.

Inhaltlicher Überblick zu Anouilhs Stück

Die modern gekleideten Figuren sind zu Beginn des Stückes, welches in den Privaträumen der Königsschwestern beginnt, alle auf der Bühne. Ein Sprecher stellt sie den Zuschauern vor und verweist dabei schon auf die Rollen, die sie zu spielen haben. Schon hier wird deutlich, dass sich das Geschehen genauso abspielen wird wie im Original. Da hier bereits klar ist, wie die Handlung ausgeht, liegt der Schwerpunkt auf der Argumentation und Interaktion der Figuren.

Antigone hat bereits den Bruder mit einer kleinen Kinderschaufel bestattet und kehrt von ihrer Tat heim zu ihrer Amme und der Schwester Ismene. Die Amme versteht anders als der Zuschauer nicht, was vor sich gegangen ist, und glaubt, es gäbe einen heimlichen Liebhaber. Sie behandelt Antigone wie ein unmündiges Kind. Antigone klärt die Situation nicht auf, sondern macht lediglich düstere Andeutungen. So verabschiedet sie sich auf ihre Weise bereits von den Ihren und vom Leben. Auch Ismene weiß nicht, dass die Tat bereits ausgeführt ist, denn sie will Antigone davon abbringen und bittet sie um Verständnis für den Onkel Kreon.

Begegnung zwischen den Liebenden

Es kommt zu einer Begegnung zwischen Antigone und Hämon[1]. Darin wird deutlich, dass sich die Liebenden zuvor gestritten haben, weil Antigone ihren Verlobten verführen wollte. Da sie nicht als Jungfrau in den Tod gehen wollte, hatte sie versucht, ihre Weiblichkeit durch das Make-up ihrer Schwester zu unterstreichen, und von Hämon lediglich liebevollen Spott geerntet. Sie erklärt ihm, dass sie schon vorher seine Frau sein wollte, weil sie es nun nie mehr sein kann, und schickt den Ratlosen fort.

Kreon als Realpolitiker und Vertreter eines desillusionierten Establishments

Ein Wächter berichtet sodann über den Vollzug der Bestattung des Polyneikes. Seine Kommentare haben einen resignativen Ton, denn die moderne Antigone kann das Schicksal ihrer antiken Vorgängerin nur wiederholen, ihm aber nicht entkommen. Kreon tritt als Vertreter eines desillusionierten Establishments auf. Als solcher versucht er vergeblich, seiner starrsinnigen Nichte die Chance auf Rettung zu geben und ihr die Sinnlosigkeit ihres Tuns vor Augen zu führen. Er bietet ihr an, die Angelegenheit zu vertuschen, und hält ihr vor, dass ihr Bruder ihr Opfer nicht wert sei. Privat wie politisch ist er zu Kompromissen bereit und pro-

[1] Die veränderte Schreibweise des Namens erklärt sich aus der Übersetzung aus dem Französischen.

Antigone und Kreon bei Jean Anouilh: Aufeinanderprall unterschiedlicher Seinsweisen (Théâtre Marigny 2003)

voziert gerade dadurch den Zorn der Jugendlichen. Antigone will sich nicht fügen, denn das hieße, das unbeugsame Wollen der Jugend für die Gewöhnlichkeit und Anpassung an Konventionen aufzugeben. Eine solche Radikalität hat jedoch in Kreons Weltbild keinen Platz.

Antigones absurdes Sterben und Kreons Resignation

Antigone will nicht erwachsen werden. Kreons Appell, sich mit dem kleinen Glück zufriedenzugeben, will und kann sie nicht folgen. Deshalb stirbt sie letztlich, ohne genau artikulieren zu können wofür, während Kreon seinen von trockener Bürokratie geprägten Alltag wieder aufnimmt. Einem Wachmann gegenüber äußert Kreon seinen Verdacht, dass Polyneikes für Antigone nur ein Vorwand wäre, um sterben zu können. Seine Entscheidung will er nicht revidieren. Kartenspielende Wächter bleiben nach dem Tod Antigones, Hämons und der Königin auf der Bühne zurück. Ihre Teilnahmslosigkeit verstärkt den Eindruck der Absurdität, der Banalität und Sinnlosigkeit dessen, was auf der Bühne geschah. Es gibt keine übergeordnete religiöse Deutung für das Scheitern der Figuren. Anders als bei Sophokles sterben sie nicht aus Hochmut oder Verblendung, was den gerechten Zorn der Götter provoziert und ein Erklärungsmuster für den unheilvollen Ausgang bietet. Die tragische Form des sophokleischen Originals wird von Jean Anouilh ironisiert.

Wesentliche Akzentverschiebungen gegenüber dem Original

Die Antagonisten erscheinen bei Anouilh als Modelle zweier unterschiedlicher Seinsweisen. An die Stelle der religiösen Deutung tritt bei Anouilh eine philosophische. Antigone erscheint als eine Figur, die die Absurdität des Daseins im Sinne des Existenzialismus repräsentiert. Anouilhs Drama entstand in einer politischen Situation, die sich in der Konzeption seiner Figuren widerspiegelt. In seinem Heimatland Frankreich wirkte der rechtsgerichtete Militär und Politiker Philippe Pétain. Da dieser nach Hitlers Machtergreifung und den ersten Aggressionen der Überzeugung war, gegen dessen Truppen nichts ausrichten zu können, verfolgte er das Ziel eines Waffenstillstandes, um die politische Existenz Frankreichs zu erhalten. Von der französischen Nationalversammlung wurde er nach der Niederlage gegen Deutschland beauftragt, im nicht besetzten Teil des Landes eine neue Regierung zu bilden. In der Bevölkerung verlor der einst populäre Pétain an Rückhalt, nachdem sich erwiesen hatte, dass seine Politik durch Zugeständnisse und Kooperationen mit Nazi-Deutschland geprägt war. Anouilhs Kreon trägt deutliche Züge des Staatschefs, während Antigone an die ersten Widerständler erinnert. Die Sprache Anouilhs beinhaltet wesentliche Schlagwörter der damaligen französischen Politik zwischen Kollaboration und „Résistance“ (Widerstand), bleibt jedoch auf der Ebene der Andeutungen, um der deutschen Zensur zu entgehen und gleichzeitig vom französischen Zuschauer als Zeitkritik verstanden zu werden.

Bertolt Brecht: „Die Antigone des Sophokles“

Bertolt Brecht – Antigone als Kämpferin gegen die Selbstzerstörung im Krieg

Bertolt Brecht (1898–1956) arbeitete an seinem Theaterprojekt „Antigone“, nachdem er 1947 aus dem Exil zurückgekehrt war (1933 musste Brecht aus Deutschland emigrieren). In seiner Fassung bezieht er sich auf die Übersetzung von Friedrich Hölderlin (1770–1843) und gestaltet diese um. Sein Stück ist eine Auseinandersetzung mit dem nationalsozialistischen Regime und wurde 1948 in der Schweiz uraufgeführt.

Kreon ist Kriegstreiber und führt seine Truppen nach Argos, wo es reiche Bodenschätze gibt. Um das Volk über die Rückschläge im Krieg hinwegzutäuschen, feiert er verfrüht den Sieg. Die Parallele zu Stalingrad wird deutlich. Antigone lehnt sich gegen den Tyrannen Kreon auf, indem sie den Bruder Polyneikes bestattet, der als Deserteur aus dem Krieg zurückgekehrt war und von Kreon dafür getötet wurde.

Die Grenzen des Menschen: Herrschsucht und Profitgier

„Die Alten“ haben bei Brecht die Funktion eines Mitspielers. Sie preisen vorschnell Kreons Sieg. Dieser wiederum will sie dafür missbrauchen, die Verluste des Krieges zu verschleiern. Im ersten Chorlied werden wie bei Sophokles die Errungenschaften des Menschen gepriesen. Anders als dort ist es jedoch nicht der Tod, der eine absolute Grenze setzt, sondern es werden die Herrschaftsausübung des Menschen über seinesgleichen und sein Streben nach Gewinn und Eigentum gebrandmarkt.

Antigones Kritik am Krieg und ihre Vorstellung von einer menschlichen Staatsordnung

In der Auseinandersetzung mit Kreon übt Antigone grundsätzliche Kritik an Kreons Krieg, der nur um seinetwillen stattfindet und nicht dem Volkswillen entspricht. Ihr zufolge ist es besser, besiegt in den heimatlichen Trümmern zu sitzen, als siegreich in den feindlichen Häusern der Ferne. Kreon hält ihr Vaterlandsverrat und den Frevel gegen die gottgewollte staatliche Ordnung vor. Antigone jedoch betont, sie wolle eine solche Ordnung lieber menschlich, und entwirft damit ein Gegenbild von einem Staat. Ihre Aufforderung an die Alten, Widerstand zu leisten, wird von die-

sen nicht befolgt. Hämon tritt auf und führt ein Streitgespräch mit Kreon, in welchem er seinen Vater zur Umkehr bewegen will. Dieser jedoch beharrt unerbittlich auf seiner Politik der Säuberungen und der Ausschaltung politischer Gegner. Dahinter verbirgt sich Kreons pathologische Angst vor Andersdenkenden.

Antigone wird zum Tode verurteilt, worin ihr Hämon folgt. Zuvor singt sie ihr Abschiedslied und warnt die Alten vor zukünftigem Unheil. Trotz der Warnungen Teiresias', der gesehen hat, dass die Rüstungsmaschinerie auf Hochtouren läuft, um einen Winterkrieg vorzubereiten, treibt Kreon sein Volk weiter in den Untergang. Er belügt die Alten und prahlt mit einer geheimen Wunderwaffe. Da sie den Herrscher zu seiner Größe verholfen haben und sich von seinen Lügen zu lange haben hinhalten lassen, gehen die Alten mit ihm unter. Ihre Funktion besteht darin, die fatalen Folgen des Mitläufertums im totalen Krieg aufzuzeigen. Als Theben schließlich fällt, wird deutlich, dass es Kreon niemals um das Volk, sondern immer nur um sich selbst gegangen ist.

Die Sinnlosigkeit des Krieges und die katastrophale Selbstzerstörung

Brecht interpretiert das Drama im Kontext des Zweiten Weltkrieges und gestaltet seine Kreon-Figur mit eindeutigen Zügen Adolf Hitlers. Er entlarvt die Uneinsichtigkeit und den geheimen Wunsch des Diktators, das Volk mit in den Abgrund zu führen. Um die Thebaner mit den Deutschen vergleichen zu können, kehrt er die Rollen der Städte Argos und Theben um. Eindeutige Anspielungen auf den

Deutungsakzente bei Brecht

Verlauf des Zweiten Weltkrieges, wie etwa die Propagandaführung und der Angriff auf Stalingrad, machen den zeitkritischen Gehalt des Stückes aus. Brecht will den Zuschauer gemäß seiner Theorie vom epischen Theater dazu bringen, anhand der sophokleischen Tragödie einen historischen Vorgang zu reflektieren.

Rolf Hochhuth: „Die Berliner Antigone"

Rolf Hochhuth – epische Ausgestaltung des Antigone-Stoffs

Eine epische Verarbeitung des Stoffs stellt die Novelle „Die Berliner Antigone" (1963) von Rolf Hochhuth (geb. 1931) dar. Seine Heldin ist die Medizinstudentin Anne, deren Bruder von Schergen des nationalsozialistischen Regimes hingerichtet wurde und dessen Leichnam nun der Anatomie zu Sezierübungen überlassen werden soll. Heimlich bestattet sie die Leiche und wird dabei beobachtet, denunziert und festgenommen. Zur Strafe soll sie enthauptet und ihr Körper ersatzweise der Anatomie zur Verfügung gestellt werden. Hitler selbst gibt den Befehl dazu. Der Vater ihres Verlobten ist Generalrichter und versucht, sie dazu zu bewegen, den Ort preiszugeben, an dem der Bruder beerdigt ist.

Annes innerer Konflikt und ihre zunehmende Verzweiflung und Unsicherheit

Hochhuth gestaltet nun den inneren Konflikt einer Frau aus, die ein Geheimnis bewahren will. Anne ist keine Heldin, sondern unsicher und einsam. Sie weigert sich jedoch, den Ort des Begräbnisses preiszugeben, und wird eingekerkert. In ihrer Verzweiflung schreibt sie an ihren Verlobten Bodo, der an der Front ist, einen Abschiedsbrief. In jenem berichtet sie jedoch nichts von ihrer inneren Leere, sondern sie versucht, die Lüge von einem sinnerfüllten Tod aufrechtzuerhalten und dadurch Halt zu finden. Ihre Hinrichtung verzögert sich und Anne weiß immer weniger, warum sie sich für das Sterben entschieden hat. Als sie schon den Wunsch hegt, ihre Entscheidung rückgängig zu machen, erreicht sie die Nachricht, dass sich Bodo in dem Bewusstsein selbst getötet hat, sie sei ihm im Tod bereits vorangegangen. Anders als Sophokles' Antigone ist Anne gegen Ende ihrer Haft von der

Szenefoto aus dem Film „Berliner Antigone" nach der Novelle von Rolf Hochhuth unter der Regie von Rainer Wolffhardt (1968)

Richtigkeit ihrer Tat nicht mehr überzeugt. Im Gegenteil beschreibt ein allwissender Erzähler, wie sie sich selbst und ihre Tat rückblickend nicht mehr begreifen kann.

Die Unmenschlichkeit des Naziregimes

Der Generalrichter wird für seine Verdienste ausgezeichnet, erscheint jedoch als gebrochene Existenz. Hitler würdigt sein Handeln, weil er die politische Gesinnung vor den Schutz von Familienangehörigen stellt. Genauso wünsche er es sich von Mussolini, der seinen abtrünnigen Schwiegersohn seiner Meinung nach erschießen solle.

Annes verzweifelter letzter Versuch, den eigenen Tod mit einer Scherbe selbst herbeizuführen, scheitert. Von einer völlig verständnislosen Wärterin wird diese entdeckt und einbehalten. Als Anne vor Verzweiflung weint, holt sie ihr einen Apfel. Die Vernichtungsmaschinerie nimmt indes bürokratisch exakt ihren Lauf und Anne wird in einem Zustand völliger Hoffnungslosigkeit und bar jeder Selbstachtung enthauptet. Ihr Tod wird mit dem derjenigen Männer verglichen, welche 1944 ein Attentat auf Hitler geplant hatten. Derselbe Henker habe diese wie jene ermordet. Die Erzählung endet dokumentarisch: Ein Pressezitat erinnert an die Körper von 269 hingerichteten Frauen, die von 1939 bis 1945 der Berliner Anatomie zur Verfügung gestellt wurden.

Anne als Repräsentantin sinnlos hingerichteter Frauen im Nationalsozialismus

Hochhuth brandmarkt das Unrechtsregime Hitlers und bringt dessen Grausamkeit auch sprachlich zum Ausdruck. Dabei hält er sich an reale Vorgänge, sodass Erzählung und Dokumentation ineinander übergehen. Seine Antigone ist bewusst nicht als Heldin gezeichnet, sondern als eine Frau, die unter der Gewalt und der Unmenschlichkeit des Naziregimes zerbricht. Sie kann weder religiöse noch politische Gründe für ihr Handeln angeben und bereut ihre Tat schließlich selbst. Dadurch, dass Hochhuth keine ernst zu nehmende Gegnerin des Regimes, sondern eine Frau zeigt, die schwach ist und Todesangst leidet, erlebt der Leser ihr Sterben als skandalös.

Der Autor hatte für das Schreiben seiner Novelle auch persönliche Gründe. Die Mutter seiner Frau war eine jener in Berlin hingerichteten Frauen, von denen die abschließende Pressemitteilung berichtet. Er schreibt somit gegen das Vergessen an und will den Leser bewegen, das grausame Leiden der Opfer anzusehen. Die Antigone-Version von Hochhuth ist 1968, im Zuge der Auseinandersetzung mit den zurückliegenden Verbrechen, verfilmt worden.

Elisabeth Langgässer: „Die getreue Antigone"

Elisabeth Langgässer – Carola als Überwinderin von Hass- und Rachegefühlen

Elisabeth Langgässer (1899–1950) widmet der sophokleischen Heldin eine Kurzgeschichte mit dem Titel „Die getreue Antigone", die 1947 erscheint. Deren Hauptfigur, Carola, hat ihren Bruder in einem Konzentrationslager der Nazis verloren. Mit äußerster Sorgfalt pflegt sie das Grab eines ihr unbekannten Soldaten, von dem sie nicht weiß, ob er vielleicht sogar in den Mord an ihrem Bruder verstrickt gewesen ist. Damit setzt sie durch ihr Handeln

Elisabeth Langgässer

ein Zeichen der Liebe und Vergebung. Ein junger Mann, der in sie verliebt ist, verfolgt ihr Tun mit großem Unverständnis und stellt es infrage. Die Geschichte endet hoffnungsvoll, denn es gelingt ihm, ihre Gedanken von dem möglicherweise qualvollen Tod ihres Bruders wegzulocken. Umgekehrt weckt sie in ihm Verständnis für ihr Tun, mit welchem sie Versöhnung und inneren Frieden erreichen will.

Grete Weil: „Meine Schwester Antigone"

Grete Weil – Antigone als unerreichbare Symbolfigur des Widerstands

Eine weitere Autorin, die sich mit der Antigone-Gestalt auseinandersetzt, ist die Jüdin Grete Weil (1906–1999). Sie tut dies gleichzeitig identifizierend wie abgrenzend und misst sich selbst in ihrem von autobiografischen Passagen durchwirkten Roman „Meine Schwester Antigone", der 1980 erstmals erscheint, an der sophokleischen Heldin. Anders als jene, so klagt sie sich an, habe sie in der Zeit des Nationalsozialismus keinen aktiven Widerstand geleistet und nicht verhindern können, dass ihr Mann Edgar Weil im Konzentrationslager Mauthausen umgebracht wurde. Die literarische Einfühlung in Antigone und ihr Lebensschicksal ist für Grete Weil verknüpft mit der schonungslosen Selbsterforschung als Überlebende. Obwohl sie sich Antigone annähert und sie bewundert, kommt sie doch zu dem Urteil, dass sie ihre Grundhaltung nicht teilt. Darum ist sie zwar eine Schwester, zugleich aber auch eine unerreichbare Gestalt.

Das Drama „Antigone" in der Schule

Der Blick auf die Figuren: Die Personencharakterisierung

Eine literarische Figur charakterisieren – Tipps und Techniken

In einer literarischen Charakterisierung werden neben äußeren Merkmalen besonders die Wesenszüge einer literarischen Figur analysiert. Gegebenenfalls muss auch ihre Entwicklung im Werk erfasst werden. Dazu ist es wichtig, die im Text vermittelten Informationen zu sammeln, zu ordnen und zu werten.

Auf diesem Wege gelangt man zu einer Gesamtinterpretation der Figur. Das Wesentliche soll nicht in beschreibender, sondern in argumentierender Form dargelegt werden. Alle Behauptungen, die man über eine Figur aufstellt, müssen begründet, d. h. in der Regel durch eine oder mehrere Textstellen belegt werden. Das Tempus ist das Präsens.

Für die Erarbeitung einer literarischen Charakterisierung können unter anderem folgende Aspekte und Leitfragen von Bedeutung sein:

1. **Personalien, sozialer Status und äußeres Erscheinungsbild**
   - Was erfahren wir über Name, Geschlecht, Alter und Beruf der Figur?
   - Werden auffällige äußere Merkmale beschrieben?
   - Wie werden die Lebensverhältnisse und das soziale Umfeld der Figur dargestellt?
   - Gibt es Informationen zur Vorgeschichte der Figur?

2. **Wesentliche Charaktereigenschaften und Verhaltensweisen**
   - Zeigt die Figur typische Verhaltenseigenschaften und Gewohnheiten?
   - Was sind ihre hervorstechenden Wesensmerkmale und Charakterzüge?
   - Welche Umstände prägen und bestimmen ihre Existenz?
   - Welches Selbstbild hat die Figur?
   - Welche inneren Einstellungen, welches Weltbild hat sie?
   - Zeigt die Figur eine Veränderung in ihren äußeren Merkmalen oder eine innere Entwicklung?
   - Wie wird sie von den anderen Figuren wahrgenommen?
   - In welcher Beziehung steht sie zu den anderen Figuren?

3. **Sprachgebrauch und Sprachverhalten**
   - Wie kann man den Sprachgebrauch der Figur allgemein beschreiben? (Sprachebene, Sprachstil)
   - Welche Auffälligkeiten lassen sich auf Satz- und Wortebene erkennen? (Satzbau, Wortwahl, ...)
   - Welche Botschaften werden durch nonverbale Kommunikation übermittelt? (Mimik, Gestik, Körperhaltung)
   - Welches Gesprächsverhalten, welche Gesprächsstrategien verfolgt die Figur?

4. **Zusammenfassende Bewertung:**
   - Wie lässt sich die Funktion der Figur für das Drama beschreiben?
   - Inwieweit sind festgestellte charakterliche Merkmale gesellschaftlich bedingt?

- Handelt es sich um einen Charakter oder bloß einen Typus[1]?
- Welche Gesamtdeutung der Figur ergibt sich aus den gewonnenen Erkenntnissen?

Kreon

1. Personalien und sozialer Status

Kreon als neuer Herrscher Thebens

Kreon, der Sohn des Menoikeus, ist der neue König Thebens. Er tritt seine durch Erbfolge geregelte, legitime Herrschaft in der Stadt an, nachdem die Königssöhne Eteokles und Polyneikes sich im Kampf gegenseitig getötet haben (vgl. V. 173). Als neuer Herrscher nach einem Krieg muss er mit einer innenpolitisch instabilen Situation umgehen. Dies macht ihn misstrauisch. Er wähnt überall politische Gegner, die gegen ihn eine Verschwörung anzetteln könnten, indem sie durch Bestechung Mitstreiter gewinnen und anschließend gegen ihn rebellieren.

2. Wesentliche Charaktereigenschaften und Verhaltensweisen: Machtstreben und uneingeschränkte Gehorsamsforderung

Überordnung staatlicher Interessen

Schon in seiner Antrittsrede wird deutlich, dass es ihm darum geht, einen machtvollen Staat zu errichten. Nur unter einem solchen könne es eine gelingende Gemeinschaft geben (vgl. V. 190). Um dies zu erreichen, will er sich als uneingeschränkter Machthaber in Theben etablieren. Von den Bürgern verlangt er deshalb gleichsam blinden Gehorsam „[i]m Kleinen und im Rechten und im Gegenteil" (V. 667). Damit setzt er sich und seine Herrschaft absolut. Einschränkungen und Relativierungen sind seinem Denken fremd und er bezieht sich vornehmlich auf starre Grundsätze. So beurteilt er den Wert eines Menschen einzig nach dessen patriotischer Gesinnung („Und nimmer soll des Vaterlandes Feind/Je Freund mir heißen", V. 187f.) und ne-

[1] Typus: In der Literaturwissenschaft bezeichnet ein Typus eine mit feststehenden Merkmalen versehene Figur im Drama. Dabei handelt es sich nicht um einen individuellen, sondern einen schematischen Charakter, der in dieser Form in verschiedenen Dramen eine Rolle spielt.

giert damit die Bedeutung von Familien- oder Freundschaftsbeziehungen.

Der politische Zweck des Bestattungsverbots …

Mit seinem ersten Gesetz, dem Bestattungsverbot für Polyneikes Leiche, will er ein Exempel statuieren: Wer ihm gehorcht, der gilt ihm als ein Freund, wer sich widersetzt, ist nicht nur als sein persönlicher Gegner, sondern auch als Staatsfeind zu betrachten. Indem er sich zum Herrn der Lebenden und der Toten aufschwingt, weitet Kreon seinen Herrschaftsbereich jedoch unbefugt aus. Er missachtet das Recht der unteren Götter, die nach antiker Vorstellung ein Anrecht auf den Menschen im Tode haben, und auch das Recht des Verstorbenen, in den Hades (die Unterwelt) eingehen zu dürfen. Obwohl er hiermit gegen das überlieferte religiöse und ethische Gebot verstößt, wird sein anmaßender Herrschaftsanspruch vom Chor anerkannt („Gesetz und Recht zu üben steht bei dir,/Gilt es den Toten, gilt's den Lebenden.", V. 213f.). Dies zeigt, wie sehr sich die Bürger Thebens vor ihm fürchten.

… und die damit verbundene Missachtung des Götterrechts

Polarisierendes Denken

Kreon zeichnet sich durch sein polarisierendes Denken in starren Gegensätzen aus. Für ihn gibt es nur Freunde, die ihm gehorchen, oder Feinde, die ihm Widerstand leisten. Die Menschen vergleicht er wiederholt mit Tieren, die es zu zähmen gilt und deren Wille zu brechen ist („Mit kurzem Zügel wird der Übermut/Der Rosse schnell gebändigt.", V. 476f.). Nach den Motiven für eine Zuwiderhandlung fragt er nicht, denn für ihn sind seine Gegner schlicht böse (vgl. V. 288).

Freund und Feind

Gut und böse

Alter und Jugend

Da er zudem ganz in patriarchaler Tradition verhaftet ist, dehnt er seinen Herrschaftsanspruch auf seine Familie aus und verlangt von seinem Sohn Haimon unbedingten Gehorsam (vgl. V. 642). Weil er der Ältere ist, so scheint es ihm absurd, von seinem jüngeren Sohn einen Rat anzunehmen (vgl. V. 726f.), denn er hat eine streng hierarchisch gegliederte Vorstellung von Ordnung. Danach ist nicht nur der Sohn dem Vater unterlegen, sondern auch die Frau dem Mann. Wieder-

Mann und Frau

Die Gegenspieler Kreon und Antigone (Staatsoper Berlin 2011)

holt äußert er seine Verachtung für das Weibliche, die in seiner Angst davor wurzelt, „eines Weibes Knecht zu sein" (V. 678). Sein Hass entlädt sich insbesondere an seiner Gegenspielerin Antigone, weil sie es als eine junge Frau gewagt hat, sich ihm durch die Bestattung ihres Bruders öffentlich entgegenzustellen. Ihre Gründe kann er indes nicht nachvollziehen. In seinem verblendeten Hass ist sie in seinen Augen ein „Scheusal" (V. 760) und ein „schlechtes Weib" (V. 571), das es zu vernichten gilt.

Sein eng begrenztes Denken überträgt Kreon auch auf den Bereich des Heiligen, zu dem er in Wahrheit keinen Zugang hat. Da die Übertretung seines Gebots publik geworden ist und der Chor ein Mittun der Gottheit für möglich hält, gerät Kreon völlig außer sich. Er kann von dem Hass auf seine Feinde auch in deren Tode nicht ablassen (vgl. V. 522). In seinem schnell aufflammenden Jähzorn lässt er sich mehrmals zu gotteslästerlichen Äußerungen hinreißen. So beleidigt er die unteren Götter, wenn er Antigone bei ihrer Einkerkerung wünscht, sie möge erkennen, „Hades zu ehren sei verlorene Mühe" (V. 780). Auch vor dem obersten Gott Zeus macht er nicht halt, wenn er seine Gleichgültigkeit darüber äußert, dass ein Adler die Leichenteile des Polyneikes bis vor dessen Thron bringen könnte (vgl. V. 1040 ff.).

Jähzorn und Blasphemie

Sein gotteslästerlicher Ausspruch „Lass sie [gemeint ist Antigone] doch den Schirm des Blutes,/Zeus, anflehn" (V. 658f.) zeigt daneben noch einen weiteren Charakterzug Kreons. Da Zeus hier in seiner Funktion als Sippenschützer angesprochen wird, wird deutlich, dass Kreon dem Prinzip der Familie keinen Eigenwert zugesteht. In seinen Augen ist sie nur dazu da, damit der Mann Kinder zeugen kann, die ihm gehorchen, und er sich dadurch Achtung in der Gesellschaft erwirbt (vgl. V. 660ff.). Deshalb ist er auch bereit, Familienmitglieder zu töten und seinem eigenen Sohn dessen Braut zu nehmen, nur, um vor der Stadt nicht als Lügner dazustehen (vgl. V. 657). Weder die Warnung noch die Selbstmorddrohung seines Sohnes Haimon nimmt er ernst und führt deshalb sowohl ihn als auch seine Frau Eurydike mit in den Abgrund. Beide sterben mit einem Fluch gegen ihn, den „Mördervater" (V. 1177) bzw. „Kindesmörder" (V. 1305), auf den Lippen.

Kreons funktionalisierte Sicht auf die Familie ...

... und die Zerstörung seiner Familienmitglieder

Am Ende wird aus dem zunächst machtvollen König ein gebrochener Mann. Er muss erkennen, dass er in seiner Verblendung und seinem Starrsinn sein Unglück selbst herbeigeführt hat. Darin, dass er die gut gemeinten Warnungen von Haimon und Teiresias ignoriert, zeigt sich seine Unbelehrbarkeit. Obwohl er zahlreiche Zeichen und Hinweise erhält, die ihn zur Umkehr auffordern, beharrt er starr auf trügerischen Gewissheiten. So verspielt er seine letzte Chance auf Heilung und offenbart seine Egozentrik. Das Wohl der Stadt, dem er zuvor immer die höchste Priorität eingeräumt hat, ist nur ein Vorwand, denn es geht ihm lediglich um seine eigene Macht und Herrschaft (vgl. V. 736ff.). Letztlich holt ihn das Schicksal ein. Sein Sturz ist hart und unvermeidlich, allerdings fehlt ihm jegliche tragische Würde.

Unbelehrbarkeit und Egozentrik

Verblendung und tiefer, würdeloser Fall

Kreons Sprachgebrauch entspricht seiner Egozentrik und seiner Neigung, in starren Gegensätzen zu denken. So benutzt er schon in seiner Antrittsrede wiederholt das Perso-

3. Sprachgebrauch und Sprachverhalten

nalpronomen „ich" (V. 164, V. 165, V. 173) und betont durch die gehäufte Verwendung des Possessivpronomens „mein" (V. 734, V. 736, V. 744) seinen absoluten Besitzanspruch auf die Stadt. Seine Neigung zu Sentenzen[1] und Allgemeinplätzen offenbart zudem ein unbewegliches Weltbild, das er nicht an neue und ungewohnte Situationen anpassen will (vgl. bspw. V. 178 ff.). Die von ihm verwendete Metaphorik verrät viel über sein Menschenbild. So verwendet er häufig sprachliche Bilder aus dem Bereich der Tierzucht und bringt damit einerseits seine Gewaltbereitschaft und andererseits seinen Wunsch, andere zu willenlosen Untertanen zu degradieren, zum Ausdruck (vgl. bspw. V. 289 ff.). Von Hass und Brutalität sind insbesondere jene Passagen, in welchen er über Frauen spricht, gekennzeichnet. So offenbart sein vulgärer Vergleich der Frau mit einem Feld, das es „zu bepflügen" (V. 569) gilt, die abgrundtiefe Verachtung für alles Weibliche. Der Sinn für Doppeldeutigkeiten und hintergründige Ironie geht ihm dagegen völlig ab. Deshalb erkennt er nicht, dass von ihm verwendete, abwertend gemeinte Sentenzen („wer […] nicht den besten Rat ergreift und festhält,/[…]/Der schien mir je und nun ein schlechter Fürst", V. 178 ff.) letztlich auf ihn selbst zutreffen.

4. Zusammenfassende Bewertung

An der Figur des Königs Kreon zeigt Sophokles die Folgen von Verblendung, Hass und Unbelehrbarkeit. So lässt sich das abschließende Wort des Chors, mit dem er Kreon „nicht fremde Schuld,/Nein, die er selber begangen" (V. 1259 f.) vorwirft, als zusammenfassende Bewertung der Dramenhandlung verstehen, deren Dynamik zu einem großen Teil von Kreon ausgeht. Er wird ins Unrecht, Antigone hingegen ins Recht gesetzt. Als ihr Gegenspieler ist er

---

[1] Sentenz: Ein autoritätshaltiger und auf verschiedene Situationen hin anwendbarer Sinnspruch. Sentenzen entstammen häufig einem literarischen Kontext, aus dem sie herausgelöst und verallgemeinert werden.

Antigone in zentralen Wesenszügen entgegengesetzt. So treiben ihn seine Machtgier, sein Unverständnis für das Göttliche und sein Hass auf seine Feinde in seinem Handeln an, bis er sich und alles, was ihn umgibt, in seinem „wahnblinde[n] Tun" (V. 1269) schließlich selbst zerstört. Da er sich als Herr über Lebende und Tote versteht, macht er sich der Hybris[1] schuldig. Mit seinen Entscheidungen, eine Lebende in ein Grab zu werfen und einem Toten dies zu verweigern, kehrt er die kosmische Ordnung um. Zu spät und eher aus Furcht denn aus wirklicher Einsicht heraus lenkt er ein. Deshalb befindet er sich zum Schluss zwar in einem bejammernswerten, zugleich aber auch in einem würdelosen Zustand.

Antigone

1. Personalien und sozialer Status

Antigone entstammt einem königlichen Geschlecht, dem Haus der Labdakiden. Den Mitgliedern ihrer Familie widerfährt seit Generationen neues Unheil, ein Umstand, der auf einen Fluch zurückgeführt wird. So hat ihr Vater Ödipus unwissentlich seinen Vater erschlagen und seine Mutter geheiratet. Hiermit hat sich an ihm das Schicksal erfüllt, das ihm vorausgesagt wurde und dem er entfliehen wollte. Als er dies erkannte, blendete er sich selbst und verließ seinen Herrschaftsbereich Theben, um mit seiner Tochter Antigone in den Bergen umherzuziehen. Schon in der Vorgeschichte des Dramas wird somit Antigones Familiensinn als ein zentraler Bestandteil ihres Wesens erkennbar. Die weibliche Hauptfigur des Dramas hat drei Geschwister namens Ismene, Eteokles und Polyneikes. Nach dem Tod ihrer beiden Brüder in der Schlacht um die Herrschaft in Theben hat nun ihr Onkel Kreon als neuer König die Regierungsgeschäfte übernommen. Da dieser als sein erstes Gesetz ver-

[1] Hybris: Selbstüberhebung des Menschen, die von den Göttern gerächt wird und vielfach die Ursache für den tiefen Fall eines einst Glücklichen ist

kündet, die Leiche des Polyneikes unbestattet zu lassen und ihn damit als Landesverräter zu ächten, entschließt sie sich zum Widerstand. Sie vollzieht die heiligen Bestattungsriten an seinem toten Körper zweifach, wird dabei gefasst und von Kreon zum Tode verurteilt.

2. Wesentliche Charaktereigenschaften und Verhaltensweisen: Die Philia als zentrales Handlungsmotiv

Antigones Denken und Handeln ist in erster Linie durch die tiefe und innige Verbundenheit mit ihrer Familie motiviert. So bezeichnet sie diese auch nach deren Tod als ihre „Lieben“ (V. 10) und ist stolz darauf, ihre verstorbenen Körper „alle einst gewaschen und geschmückt“ (V. 901) zu haben. Da für sie die Philia, die Familienliebe, als zentrales Prinzip gilt, ist es für sie völlig unerheblich, ob ihr Bruder Polyneikes der Verräter und Aggressor ist, als der er von Kreon diffamiert wird. Sie bestattet ihn, weil ihr schon allein die Vorstellung, ihn den Vögeln und Hunden zum Fraß zu überlassen, Schmerz bereitet (vgl. V. 467 f.).

Bewusstsein für das Ewige und Göttliche

Ein weiterer Grund für die Übertretung von Kreons Bestattungsverbot ist Antigones waches Bewusstsein für das Göttliche. Sie bezieht sich in ihrem Denken nicht nur auf das Diesseitige und Sichtbare, sondern stärker noch auf das Ewige und Göttliche. Sie glaubt daran, dass sie „denen drunt“ (V. 75) länger gefallen muss als den Menschen, und kommt darum zu völlig anderen ethischen Maximen als Kreon. So rechtfertigt sie die Übertretung des königlichen Gesetzes mit dem Gefühl der Verpflichtung gegenüber den ungeschriebenen, heiligen göttlichen Geboten (vgl. V. 455 ff.). Im Angesicht dessen, was die oberen („Zeus“, V. 450) und unteren Götter („Dike“, V. 451) vom Menschen verlangen, erscheint ihr Kreons Bestattungsverbot als „Menschenwerk“ (V. 454) und deshalb unwichtiger. Die Grundsätze, auf die sie sich beruft, hält sie für absolut gültig und allgemein bekannt. Deshalb bezeichnet sie ihre Pflicht als Schwester, den toten Bruder zu bestatten, als „Satzung“ (V. 908) bzw. „Ordnung“ (V. 913).

Für ihr Denken und Tun ist somit charakteristisch, dass es auf ihrem persönlichen Gesetz fußt (vgl. V. 821) und von jeglichem Opportunismus unberührt ist. Dies macht sie stark, aber auch einsam. Denn ab dem Zeitpunkt, da Kreon sein Gesetz, das mit dem göttlichen Gebot kollidiert, erlässt und zum Maßstab politischen Handelns macht, wird sie zwar zum autonomen, aber doch machtlosen Individuum. Als solches steht sie dem Staat gegenüber. Dabei wird sie zwar nicht von allen Thebanern gleichermaßen abgelehnt wie vom König, sondern hat durchaus viele heimliche Sympathisanten (vgl. V. 692 ff.), von denen aber niemand außer ihrem Verlobten Haimon offen für sie eintritt. Ihre Verlassenheit wird metaphorisch durch einen Vergleich des Wächters, der Antigone bei Polyneikes Leiche beobachtet hat, untermauert. Indem er ihren Schrei mit dem eines Vogels, „der in Not/Leer sieht sein Nest und seine Brut geraubt" (V. 425 f.), gleichsetzt, ruft er in Erinnerung, dass Antigone all ihre Lieben bereits verloren hat. An den Reaktionen des Chors wird zudem deutlich, dass sie nicht verstanden wird, weil die Bürger Thebens sich wie Ismene der

Autonomie des Individuums

Absolute Einsamkeit

Antigones Stolz und ihre Machtlosigkeit (Ulysses Theatre, Sarajevo 2016)

Gewalt des Staates beugen. Obwohl er sie bemitleidet (vgl. V. 804) und sogar versucht, sie zu trösten (vgl. V. 836f.), beurteilt er letztlich ihre Tat doch als „Trotz" (V. 853) und erkennt nicht die tiefer liegenden Motive.

Radikalität

Antigones Denken und Wollen ist eindeutig, radikal und absolut. Relativierungen und ein maßvolles Abwägen sind ihr ebenso fremd wie Kreon. Deshalb reagiert sie auf Ismenes Weigerung, bei der Bestattung von Polyneikes zu helfen, sehr schroff und abweisend und geht sogar so weit, ihren Hass auf die Schwester kundzutun (vgl. V. 93). Wer gegen ihre Familie ist, der ist in ihren Augen ein Feind (vgl. V. 10). Auffällig ist, dass sie sich hier auf die gleichen Begriffe wie etwa Freund/Feind, Liebe/Hass, usw. bezieht wie ihr Gegenspieler Kreon.

Furchtlosigkeit vor dem Tod

Ihre Selbstsicherheit fußt auch auf ihrer Furchtlosigkeit vor dem Tod. Mehrmals betont sie, für ihre Tat bewusst den Tod in Kauf zu nehmen (vgl. V. 72ff.). Kreon und seine Gewalt über Leben und Tod beeindrucken sie deshalb nicht und so kann sie ihm beherrscht und stolz gegenübertreten. Sie versucht nicht einmal, ihre Tat zu leugnen, sondern fordert ihn durch ihre Kritik an seiner dominanten Herrscherart (vgl. V. 448) geradezu heraus und wirft ihm Tyrannei vor (vgl. V. 506). Indem sie das Götterrecht vor sein Gebot stellt, setzt sie seinem Handeln eine Schranke. Dies kann er in seinem Absolutheitsanspruch nicht akzeptieren und sieht in ihr deshalb die Staatsfeindin.

Veröffentlichung ihres Anliegens

Obwohl sie durch die zweite Bestattung das Entdeckt-Werden bewusst riskiert und somit ihr Anliegen zu einem öffentlichen macht, geht es ihr nicht um einen politischen Umsturz. Da sie für ihre Tat religiös-ethische Gründe geltend macht, kann sie auch Ismenes Einwand, es sei aussichts- und sinnlos, den Bruder zu bestatten, nicht akzeptieren.

Antigones Tat als Beispiel für das „Ungeheure" des Menschen

Die Weite ihres Horizontes erklärt, weshalb sie sich dafür entscheidet, „das Ungeheure all" (V. 96) ertragen und bis an die Grenzen des Menschseins gehen zu wollen. Antigones exponierte Stellung erklärt sich durch ihr Bewusstsein vom Tod als der absoluten Grenze des Menschen (vgl. V. 361 f.). Alles, was mit ihm zusammenhängt, ist für den Menschen unverfügbar. Deshalb sieht sie in Kreons Hass auf Polyneikes über dessen Tod hinaus einen Fehler („Hades will nur gleiches Recht für alle", V. 519) und entscheidet sich dafür, den Verstorbenen ungeachtet von dessen Fehlern zu lieben.

Antigones besondere Tragik ...

Ihre Tragik besteht darin, dass sie zwar allen ihren Lieben Ehre erweist, dafür jedoch selbst als Frevlerin „trostlos, freudlos, ehelos" (V. 876) in den Tod geht. Sogar von den Göttern, in deren Namen sie gehandelt hat, glaubt sie sich verlassen und erfährt nicht mehr, dass diese sie am Ende doch ins Recht setzen, indem sie Kreon vernichten. An ihrer Klage, in der sie ihr nicht gelebtes Frauenleben beweint, wird hinter ihrer beherrschten Fassade ihre Menschlichkeit erkennbar. Sie zeigt sich hier als eine junge Frau, die vor der Heirat und Mutterschaft in ein „unerhörte[s] Grab" (V. 849) steigen soll. Daran wird deutlich, dass sie den Tod zwar in Kauf nimmt, ihn aber keineswegs herbeisehnt. Tatsächlich ist sie dem Leben zugewandt und empfindet nach wie vor das ihr zugedachte Schicksal als ein Unrecht. Dennoch rettet sie niemand, nicht einmal die Götter tun dies.

... und ihre Menschlichkeit

3. Sprachgebrauch und Sprachverhalten

Antigones Sprache weist auf wichtige Motive hin, um die ihr Denken kreist. So zeigt die häufige Verwendung des Wortes „Liebe" (bspw. V. 523), welches im Sinne der Philia verwendet wird, die innige Verbundenheit mit ihrer Familie und die Verwendung des Wortes „Tod" (bspw. V. 460) ihr jenseitsgerichtetes Bewusstsein. Ihr religiös-ethisches Bewusstsein spiegelt sich in ihren stark wertenden Ausdrücken. So benutzt sie Ironie zur Abwertung ihres Gegenspielers („[d]er ehrenwerte Kreon", V. 31) und appelliert an Ismene in starken sprachlichen Kontrasten („Nun zeig, ob edel du geboren,/Oder von edlem Stamm ein schlechtes Reis.", V. 37f.). Dadurch, dass sie für etwas verurteilt wird, das sie für ihre heilige Pflicht hält, gerät sie in eine verzweifelte Lage, die sich sprachlich in der Verwendung eines Oxymorons[1] („Fromm ist mein Frevel", V. 74) und einem Verwirrspiel mit dem leitmotivischen Begriff der „Narrheit" zeigt („Schein ich mit meinem Tun dir eine Närrin,/ So zeiht, dünkt mich, ein Narr der Narrheit mich.", V. 469f.).

4. Zusammenfassende Bewertung

Antigone ist die titelgebende Figur, weil sie es als Einzige wagt, für das Recht der Götter einzutreten und damit der Tyrannei Kreons eine Grenze zu setzen. Als kompromisslose Streiterin ist sie die „starke Seele" (V. 472), als die sie vom Chor bezeichnet wird. Ihre Tragik besteht darin, dass sie trotz allem, was sie für die Mitglieder ihrer Familie getan hat, einsam stirbt und nicht mehr erlebt, dass sie von den Göttern ins Recht gesetzt wird. Und so geht sie in dem Bewusstsein in den Tod, als „die Unseligste" (V. 895) ihrer Familie zu sterben. Antigone ist keine makellose Heldin. Ihre Menschlichkeit zeigt sich darin, dass sie nicht nur liebt, sondern auch hasst und verwünscht (vgl. V. 927f.) und ungehemmt ihrer Trauer über ihr ungelebtes Leben Ausdruck verleiht. Letztlich berührt sie den Zuschauer dadurch in weit stärkerem Maße, als wenn sie nur eindimensional als Verkörperung eines Prinzips gezeigt würde. Insofern ist sie gleichermaßen eine junge Frau, die Mitgefühl für ihr ungerechtes Schicksal verdient, als auch Symbolfigur für den Widerstand des autonomen Individuums gegen ein despotisches System.

---

[1] Oxymoron: rhetorische Figur, bei welcher zwei einander entgegengesetzte und sich widersprechende Begriffe gemeinsam verwendet werden. Ein Oxymoron wird verwendet, um inneren Widerspruch auszudrücken.

Teiresias

Der blinde Teiresias erfüllt als Seher eine wichtige Funktion für die Stadt. Mit seinen Fähigkeiten, mit der Gottheit zu kommunizieren und die Zukunft vorauszusagen, gilt er als Mittler zwischen den Welten. Da ihm das Sichtbare durch seine Blindheit verschlossen ist, sind seine Sinne für das Verborgene geschärft. Er tritt in Begleitung eines Knaben auf, der ihn führt. Schon in der Vorgeschichte hat Teiresias der Stadt wichtige Dienste erwiesen. Deshalb hat sogar Kreon seinen Rat stets beherzigt und damit Erfolg gehabt (vgl. V. 993f.).

1. Personalien und sozialer Status

Insofern er sich als Sprachrohr der Götter versteht, tritt er Kreon selbstbewusst gegenüber. Die Angst der anderen Thebaner vor Kreons Jähzorn und seiner Gewalt teilt er nicht. Sein Ziel ist es, Kreon zur Umkehr zu bewegen und damit die Stadt von dem Unheil zu befreien, das dieser verursacht hat. Damit ist er nach Haimon der zweite Warner. Der Auftritt des Sehers hat die dramatische Funktion der Retardation (Hinauszögerung) der Handlung. Von Kreons Reaktion auf diese letzte und eindringlichste Warnung hängt das Folgegeschehen ab.

2. Wesentliche Charaktereigenschaften und Verhaltensweisen: Teiresias als Sprachrohr der Götter und Warner

Teiresias zeigt in seinem Gespräch mit Kreon sogleich auf, auf welche Weise ihm der göttliche Wille und das Zukünftige offenbar werden. So leitet er seine Erkenntnisse einerseits aus der Vogelschau und andererseits aus der Beobachtung beim Tieropfer ab. Dabei interpretiert er die gegenseitige Zerfleischung von Greifvögeln als Unheil verheißendes Zeichen (vgl. V. 1001ff.). Die Bedachtsamkeit seiner Vorgehensweise zeigt sich daran, dass er sich anschließend nochmals vergewissert, richtig zu liegen, indem er die Opferherde beobachtet (vgl. 1005f.). Hierin agiert er gegenteilig zu Kreon, welchen sein schnell aufflammender Zorn zu unüberlegter Eile und Fehlurteilen führt.

Vogelschau und Beobachtung der Opferherde

Bedachtsamkeit

Teiresias offenbart in seiner Warnung an Kreon wichtige Aspekte des im Drama postulierten Menschenbildes, wenn er das Fehlermachen als unvermeidlichen Bestandteil des Menschseins darstellt, hiervon jedoch „Eigensinn" (V. 1028), Unbelehrbarkeit und Verblendung negativ abgrenzt. Hieran zu kranken, wirft er Kreon vor. Seine Anklage erweitert er noch, indem er in drastischen Worten den miserablen Zustand der Stadt auf das von Kreon begangene Unrecht zurückführt (vgl. V. 1015) und ihm Machtbesessenheit und Unverstand vorwirft (vgl. V. 1051 ff.).

Warnung vor Eigensinn und Verblendung

Anklage gegen Kreon

Als Kreon die erste Warnung in den Wind schlägt und dem Seher Bestechlichkeit und Arglist vorwirft, zeigt dieser sich erschüttert (vgl. V. 1060) und offenbart dem König eine Wahrheit, die er eigentlich bewahren wollte. Er weiß um den Zusammenhang zwischen der städtischen Kultur und der Achtung des Götterrechts. Die Stadt gilt ihm als „der Götter Herd" (V. 1083). Eine menschenfreundliche Ordnung kann es darum nur geben, wo diese geachtet und verehrt werden. Anders als Kreon sieht er die Ursachen für Chaos und Zerstörung demnach nicht in der Rebellion gegen die Staatsmacht, sondern in der Missachtung göttlicher Gebote und der damit verbundenen Störung der Beziehung zwischen Gott und Mensch (vgl. V. 1080 ff.). Kreon wirft er „Vergewaltigung" (V. 1073) der gottgewollten, kosmischen Ordnung vor, da dieser den unteren Göttern die Leiche des Polyneikes vorenthalten und eine Lebende in ein Grab geworfen habe. Deshalb prophezeit er dem König, dass die unteren Götter als Sühne das Leben seines Sohnes fordern werden (vgl. V. 1066). Erst hiermit und deshalb zu spät erreicht er schließlich sein Ziel und Kreon lenkt ein.

Die Stadt als Eigentum der Götter

Prophezeiung des nahenden Unheils

3. Sprachgebrauch und Sprachverhalten

Teiresias unterstreicht mit seinen Worten die Dringlichkeit seiner Appelle an Kreon. So beschreibt er das Misslingen des Tieropfers in überaus drastischen Worten, um damit den weihe- und würdelosen Zustand des einstmals Heiligen zu verdeutlichen (vgl. V. 1006 ff.). Daneben benutzt er für die Zukunftsvorhersagen eine verrätselte, orakelhafte Sprache (vgl. V. 1064 ff.). Diese zeigt an, dass der Seher in den betreffenden Passagen nicht selbst spricht, sondern das offenbart, was ihm die Gottheit eingegeben hat. Zusätzliches Gewicht bekommen seine Aussagen durch das Aufgreifen zentraler Leitmotive des Dramas („Eigensinn", V. 1028, „Besonnenheit", V. 1050) sowie durch eine eindringliche Metaphorik („Doch heute steht dein Glück auf Messerschneide.", V. 996, „Die Pfeile sende ich [...] dir genau ins Herz", V. 1084 f.).

4. Zusammenfassende Bewertung

Mit dem Seher Teiresias kommen die Götter in das Spiel auf der Bühne. Seine Nähe zu ihnen verleiht ihm Würde und Autorität. Er bewertet das Geschehen unmissverständlich, indem er Kreon verurteilt und dadurch implizit Antigones Tat als Zeichen ihrer Gottesfurcht darstellt. Dabei wird das ganze Ausmaß des Schadens, welches das Bestattungsverbot angerichtet hat, deutlich. Denn Kreon hat in seinen politischen Allmachtfantasien verkannt, dass der Mensch vom Göttlichen umgeben ist und daher gut daran tut, sich in diese höhere Ordnung einzufügen. Andernfalls richtet er nicht nur sich selbst und seine Familie, sondern durch seine frevelhafte, hasserfüllte Gesinnung die gesamte Stadt zugrunde. Da er sogar dem Seher niedere Motive vorwirft und ihn damit schmäht, vertut Kreon seine letzte Chance auf Rettung und Heilung.

Haimon

1. Personalien und sozialer Status

Haimon ist der jüngere Sohn des Königs Kreon und seiner Frau Eurydike und der Verlobte Antigones. Da sein älterer Bruder Megareus sich selbst getötet hat, um den Seherspruch zu erfüllen und Theben zu retten, ist er der künftige Herrscher der Stadt. Mit seiner zukünftigen Braut ist er nach Aussagen Ismenes innig verbunden (vgl. V. 570). Der Konflikt mit seinem Vater ist in dieser Konstellation bereits angelegt, erschöpft sich darin aber nicht. Denn Haimon vertritt zudem eine grundsätzlich andere Auffassung von Politik als Kreon.

Das Streitgespräch mit dem Vater ist die einzige Szene, in welcher Haimon auftritt. Daneben erhält der Zuschauer weitere Informationen über ihn durch den Botenbericht am Ende des Stückes. Obwohl er der Jüngere ist und zudem angesichts des Todesurteils für seine Braut mit Recht zornig sein könnte, tritt Haimon seinem Vater zunächst sehr beherrscht entgegen. Bewusst hält er Kreon nicht die Ungerechtigkeit seines Urteils über Antigone einfach vor, sondern wählt eine vorsichtige und diplomatische Gesprächsstrategie. Er schlüpft gedanklich in die Rolle des einfachen Bürgers und teilt seinem Vater dessen geheime Hochachtung für Antigones Tat mit. Damit macht er sich zur Stimme des Volkes und informiert den Herrscher darüber, „[w]as einer denkt und spricht und wohl auch tadelt“ (V. 689). Hiermit möchte er auch bei Kreon einen Bewusstseinswandel erreichen und ihn auf diese Weise von seinem Starrsinn abbringen. Implizit wirft er ihm zugleich auch vor, dass es seiner Herrschaft an Unterstützung im Volk mangele, und verwickelt ihn in eine politische Grundsatzdebatte. Wiederholt betont er, dass es ihm bei seiner Kritik um Kreons Glück gehe, und tritt damit dem Vorwurf entgegen, er wolle lediglich Antigone retten. Die Bestattung wertet er als „edle Tat“ (V. 695) und stellt zugleich das Verbot als ein ungeheures Unrecht dar.

2. Wesentliche Charaktereigenschaften und Verhaltensweisen: Haimon als Stimme des Volkes

Kreon und sein Sohn Haimon (Albertus-Magnus-Gymnasium Bensberg 2006)

Indem er sich wiederholt auf die „Besonnenheit" (V. 684) als höchste der Göttergaben beruft, stellt er das Prinzip der Vernunft dem absoluten Gehorsamsanspruch Kreons entgegen. Er ist davon überzeugt, dass Weisheit im Dialog mit anderen Menschen gelernt werden muss und nicht jemandem in die Wiege gelegt wird (vgl. V. 720 ff.). Deshalb betont er die Wichtigkeit des Hörens auf andere (vgl. V. 757). Insofern er dabei den Willen der Mehrheit der Bürger im Blick hat, vertritt er eine demokratische Grundhaltung („Staat ist das nicht, was eines Mannes ist.", V. 737) und setzt damit einen Kontrapunkt zum Alleinherrschaftsanspruch des Vaters. Seine abschließende Kritik an der politischen Auffassung Kreons fällt vernichtend aus: Wer glaube, einen Staat zu besitzen, anstatt ihn zu regieren, könne dies nur in einer menschenleeren Wüste tun (vgl. V. 739). Er hingegen habe nicht nur das Wohl aller Menschen im Sinn, sondern berufe sich zudem auch auf das Götterrecht (vgl. V. 749).

Vernunft statt Gehorsam

Demokratie statt Tyrannei

Als seine Bemühungen, im Gespräch etwas zu erreichen, nicht fruchten, zeigt sich Haimon noch von einer anderen Seite, die vom Chor auf sein junges Alter zurückgeführt wird (vgl. V. 767). So reagiert er aufbrausend und zornig auf das sture Beharren des Vaters auf dem Todesurteil für Antigone. Er droht zweimal mit Selbstmord, den er dann schließlich tatsächlich auch begeht. Der Hergang dieser Tat – Haimon versucht zunächst, den Vater zu töten, und richtet erst dann die Waffe gegen sich selbst – zeigt seine unbändige Wut auf seinen „Mördervater" (V. 1177). Der Umschwung des einst Besonnenen zum Rasenden hat die dramatische Funktion, den Fall Kreons zu vertiefen. Denn er ist es, der seinen Sohn in den Abgrund führt und deshalb dessen Leichnam als „Zeugnis, das deutlich die Schuld beweist" (V. 1258), auf seinem Arm zurück in den Palast bringen muss.

Zorn eines jungen Mannes

Umschwung von der Besonnenheit zur Raserei

Indem Sophokles auf eine Begegnung zwischen Haimon und Antigone verzichtet, stellt er den Königssohn bewusst nicht als Liebenden dar. Und doch wird er durch die Schilderungen des Botenberichts am Schluss des Dramas indirekt als solcher charakterisiert. Den toten Körper Antigones, die sich in ihrer Felsengruft erhängt hat, umfängt er sowohl bei der Ankunft Kreons als auch noch im Sterben. Dass dabei sein Blut auf Antigones Wangen fällt, versinnbildlicht die makabre Vereinigung der Liebenden im Tode und stellt den Selbstmord Haimons in einen unmittelbaren Zusammenhang mit Antigones Tod.

Haimon als Liebender

3. Sprachgebrauch und Sprachverhalten

An Haimons Sprache erkennt der Zuschauer seine umfassende Bildung. So spielt er wiederholt auf die in der zeitgenössischen Literatur und Religion tradierten Werte an. Beispielsweise gehört seine Forderung, Maß zu halten (vgl. V. 711), zu den grundlegenden Lebensweisheiten der Griechen. Auch an anderen Stellen spielt er auf bekannte Motive an und wird deshalb als jemand wahrgenommen, der seine demokratische Haltung aus dem kulturellen Erbe schöpft. Seine Geschicklichkeit im Umgang mit der Sprache zeigt sich auch darin, wie er den Sentenzen[1] des Vaters mit ebensolchen, aber weitaus situationsangemesseneren antwortet. So nimmt er die Gehorsamsforderung an den Sohn auf und setzt ihr den Wunsch des Sohnes nach des „Vaters Glück“ (V. 703) entgegen. Wiederholt benutzt er aussagekräftige Metaphern (z. B. das Bild von starren und nachgebenden Bäumen im Sturm, vgl. V. 712f.) und unterstützt mit ihnen die Appelle zur Umkehr. Mit seiner rhetorischen Gewandtheit ist Haimon seinem Vater weit überlegen. Dies zeigt sich im Gesprächsverlauf auch daran, dass er aus der Perspektive der Bürger zu sprechen vermag und Kreon seinen Argumenten zudem lediglich Vorurteile entgegenzusetzen hat.

[1] s. S. 92, Fußnote

Haimon tritt im Drama als Warner und Vertreter eines entgegengesetzten politischen Prinzips zu dem Kreons auf. Da er der Sohn des Herrschers ist, wagt er es, als Stimme des unterdrückten Volkes zu fungieren und dem Despoten dessen Widerwillen und die geheime Hochachtung für Antigones Tat zu offenbaren. Mit seinen Vorstellungen vom Hören auf andere und von der Besonnenheit zeigt er dem Zuschauer die Alternative zu einer Tyrannis. Sein Selbstmord vergrößert somit nicht nur die Schuld Kreons, sondern verweist auch auf den Untergang einer demokratischen Kultur.

4. Zusammenfassende Bewertung

Ismene

Ismene entstammt dem Geschlecht der Labdakiden. Sie ist die Tochter des Ödipus und der Jokaste und die Schwester von Antigone, Eteokles und Polyneikes. Als solche ist ihr Ort der Palast des Herrschers, ihres Onkels Kreon (vgl. V. 492ff.). Zu diesem hat sie ein völlig anderes Verhältnis als ihre Schwester Antigone.

1. Personalien und sozialer Status

Schon im Prolog, der die beiden Schwestern im Gespräch zeigt, fällt auf, dass Ismene über das jüngst von Kreon erlassene Bestattungsverbot nicht informiert ist („Über die Unsern hab ich nichts erfahren;/Antigone, nichts Gutes, Schlimmes nichts“, V. 11f.). Ihre Anpassung an die gesellschaftlich untergeordnete Rolle der Frau, die in politische Angelegenheiten nicht einbezogen wurde, wird hierdurch bereits angedeutet. Ismene hat diese Rolle so weit verinnerlicht, dass sie ihre Weigerung, Antigone bei der Bestattung des Bruders zu helfen, unter anderem damit begründet, dass sie als Frauen „zu dem Kampf mit Männern nicht geschaffen“ (V. 62) seien.

2. Wesentliche Charaktereigenschaften und Verhaltensweisen: Anpassung an die gesellschaftliche Rolle der Frau

Dass sie ihrer Schwester nicht helfen will, hat seinen Grund auch in dem Opportunismus Ismenes. Sie ist sich der hierarchischen Ordnung im Staat sehr bewusst und beurteilt deshalb eine Rebellion als sinnlos. Denjenigen, „die am

Opportunismus

Ismene sucht trotz der Verschiedenheit die Nähe zu ihrer Schwester Antigone. (Inszenierung „Antigone oder das Begräbnis von Theben“, eine Version der Antigone des Sophokles von Seamus Heaney in einer Fassung des Theaters im Marienbad, Regie Gerd Heinz)

Steuer sind“ (V. 67), erweist sie Gehorsam. Zuwiderhandlungen sind in ihren Augen Zeichen für die Jagd nach Unmöglichem und Maßlosigkeit.

Angst vor der Todesstrafe

Ihre Auffassung fußt auf der Furcht vor möglichen Folgen und nicht etwa auf moralischer Gleichgültigkeit. Sie hat Angst davor, für die Beteiligung an der Bestattung getötet zu werden (vgl. V. 59). Nur zu deutlich stehen ihr die gewaltsamen Tode ihrer Familienmitglieder vor Augen. Durch das Sich-Fügen glaubt sie, der Zwangsläufigkeit des Fluches, welcher auf ihrer Familie liegt, entkommen zu können. Der Ausgang des Dramas zeigt, dass sie damit Recht behält. Insofern ist Ismene eine Pragmatikerin.

Pragmatismus

Das göttliche Recht ist jedoch auch Ismene geläufig, sodass sie als Schwester des noch Unbestatteten in das gleiche Dilemma gerät wie auch Antigone. In ihrer abwägenden, vorsichtigen Art kommt sie jedoch zu einem völlig anderen Urteil. Sie sucht einen Kompromiss, indem sie „zu den Toten in der Erde“ (V. 65) flehen und sich bei ihnen entschuldigen will. Sie möchte nicht wahrhaben, dass sie nicht beiden miteinander in Konflikt geratenen Prinzipien gerecht werden kann. Dass sie sich letztlich doch für den Gehorsam gegenüber der Staatsmacht entscheidet, hängt mit ihrem Lebenswillen zusammen. Antigone wird darin und in Ismenes auf das Diesseits gerichtetem Bewusstsein den entscheidenden Unterschied zwischen den Schwestern festmachen („Du wähltest dir das Leben, ich den Tod.", V. 555, „Du suchtest Beifall hier, ich aber dort.", V. 557).

Lebenswille und Diesseitsorientierung

Trotz ihrer zunächst ablehnenden Haltung zu Antigones Vorhaben verhält sich Ismene ihrer Schwester gegenüber loyal und beweist so ihren Familiensinn. Sie sichert ihr ihre Verschwiegenheit zu und erkennt ihr Motiv an, aus Liebe und Familientreue zu handeln (vgl. V. 98 f.). Später ist sie sogar bereit, für die Tat mit ihr in den Tod zu gehen. Antigones Ablehnung tut ihr sichtlich weh („Was kränkst du mich so bitter, ach, so nutzlos!", V. 550).

Familiensinn und Schwesternliebe

Ein Leben ohne die Schwester scheint ihr nicht lebenswert (vgl. V. 566) und so versucht sie, Kreon umzustimmen. Damit, dass sie auf die besonders innige Beziehung zwischen Antigone und seinem Sohn Haimon anspielt (vgl. V. 570), hält sie Kreon sein amoralisches Verhalten vor Augen und bietet ihm letztlich doch noch die Stirn. Kreon begnadigt sie dennoch, weil der Chor ihn davon überzeugt und sie ihm nicht als gefährlich erscheint. Ismene bleibt allein zurück und kommt im weiteren Handlungsverlauf nicht mehr vor. Antigone scheint sie sogar vollends zu vergessen, wenn sie sich selbst in ihrem Klagelied als die Letzte aus dem Königshaus bezeichnet (vgl. V. 942).

Kritik an Kreons Amoralität

Ismenes Sprache korrespondiert mit ihrer abwägenden Vernunft. So hält sie den emotionalen Appellen Antigones im Prolog eine sachliche Argumentation entgegen. Dabei analysiert sie ihre Situation als machtlose Frau sehr nüchtern und bringt das Ergebnis ihrer Überlegungen in einer klar gegliederten Rede vor (vgl. V. 49 ff.). Die wertenden Bezeichnungen für ihre Schwester („Unselige", V. 39, „Ver-

3. Sprachgebrauch und Sprachverhalten

messne“, V. 47, „Ärmste“, V. 82) offenbaren gleichermaßen ihre Ablehnung des Vorhabens wie ihre Sorge um Antigone. Die Verwendung von ungläubigen Rückfragen (z. B. „Das willst du tun?“, V. 44, „Du willst die Braut des eignen Sohnes töten?“, V. 568) zeigt darüber hinaus Ismenes Bestreben, die radikalen Positionen Antigones und Kreons zu hinterfragen und möglichst zu relativieren.

4. Zusammenfassende Bewertung

Ismene verkörpert im Drama die verschiedentlich gepriesenen Eigenschaften Besonnenheit und Vernunft. In ihrem Pragmatismus und ihrer Diesseitsgerichtetheit entscheidet sie sich, Antigone bei der Durchführung der Bestattung von Polyneikes' Leiche nicht zu helfen. Sie beruft sich dabei auf ihr Selbstverständnis als schwache, machtlose Frau und beweist dadurch zugleich ihr Einverständnis mit gesellschaftlich festgelegten Geschlechternormen. Dies beschert ihr einerseits die Verachtung ihrer Schwester, ermöglicht es andererseits aber auch, dass sie vom Fluch der Labdakiden offenbar unberührt bleibt. Ismenes dramaturgische Funktion besteht darin, einen Kontrast zu Antigone zu bilden und deren Eigenschaften umso konturierter hervortreten zu lassen. Sie ist eine Repräsentantin des Gewöhnlichen, von dem sich Antigones Wagnis des Ungeheuren abhebt. Während Antigone vereinsamt aus der Gemeinschaft der Polis ausgestoßen wird und stirbt, geht Ismene in die Unbedeutendheit des Kollektivs ein.

Der Chor

1. Personalien und sozialer Status

Der Chor ist ein Gremium, das aus vornehmen thebanischen Greisen besteht. Als solches fungiert er als Ältestenrat der Stadt, der dem König beratend zur Seite stehen soll, wird aber von Kreon in dieser demokratisierenden Funktion nur ein einziges Mal wahrgenommen (vgl. V. 1099). Angesichts des tyrannischen Herrschaftsverständnisses des Königs ist der Einfluss des Chors auf den Handlungsgang demnach verringert. Eher verweist seine Haltung beispielhaft auf das Verhalten der Bürger unter einer autoritären Führung. Neben dem Agieren als dramatische Person hat der Chor weitere Funktionen. So kündigt er dem Zuschauer neu auftretende Personen an und kommentiert vielfach die Handlung. In den Standliedern reflektiert er die Handlung auf einer höheren Ebene, indem er sie in einen Bezug zu einer mythischen Vergangenheit setzt und zentrale Motive aufgreift. Hierdurch stellt er das Geschehen verallgemeinernd in einen größeren Sinnzusammenhang.

Funktionen des Chors

Kreons erste Ansprache an die Stadtältesten zeigt deren königstreue Haltung in der Vergangenheit. Offenbar haben sie dem Labdakidenhaus stets eine starke Loyalität bewiesen, die Kreon nun auch für sich einfordert (vgl. 165 ff.). Er will den Chor hinter sich wissen und für seine Zwecke nutzen, nimmt allerdings dessen Meinung nicht als gleichberechtigt zu der seinen wahr. Dies scheint der Chor in weiten Teilen auch zu akzeptieren, indem er Kreon Herrschermacht über Lebende und Tote bescheinigt (vgl. V. 213 f.) und ihm wiederholt Zustimmung signalisiert. Die Motive hierfür liegen jedoch weniger in wahrer Übereinstimmung mit Kreons Meinung, sondern in der Angst vor der Todesstrafe (vgl. V. 220).

2. Wesentliche Charaktereigenschaften und Verhaltensweisen: Die offizielle Haltung: Loyalität zum König

Hinter der Fassade werden jedoch auch Zweifel des Chors an Kreons Befehlen und seinem Führungsstil deutlich. So möchte er sich der Indienstnahme für die Durchsetzung des Bestattungsverbots gern verweigern („Die Sorge lade jüngern Schultern auf.", V. 216), gibt dies jedoch angesichts der von Kreon ausgehenden Gewalt schnell wieder auf. Sein kritischer Einwand, bei dem der Chor die Gottheit als Urheber der Übertretung des Verbots wähnt, ist eine implizite Kritik an Kreons erster Amtshandlung und ein Beweis seiner Gottesfurcht. Je weiter sich der Gang der Handlung entwickelt und sich Kreon von verschiedenen Seiten in seiner Souveränität infrage gestellt sieht, desto beherzter offenbart der Chor die zuvor latenten Spannungen. Es wird

Die inoffizielle Haltung: latente Spannungen

Implizite Kritik am Bestattungsverbot

deutlich, dass er die vorangegangenen Loyalitätsbekundungen aus taktischen Gründen formuliert hat und zunehmend mutiger wird. So fragt er beispielsweise im Anschluss an das Streitgespräch mit Haimon kritisch nach, ob auch Ismene mit dem Tod bestraft werden solle, und hat hiermit Erfolg (vgl. V. 770). Wirklich offen agiert der Chor erst nach dem Auftritt des Sehers Teiresias, welcher die Peripetie (den Umschlag der Handlung) und damit Kreons Fall einleitet.

Rat zur Umkehr und Schuldzuweisung

Dem nunmehr sichtlich hilflosen Herrscher rät er zur Umkehrung seiner bisherigen Entscheidungen (vgl. V. 1100 f.) und hält ihm, als es dafür zu spät ist, in aller Deutlichkeit seine Schuld vor Augen (vgl. V. 1257 ff.).

Unklares und kurzsichtiges Urteilsvermögen

An einigen Stellen zeigt sich der Chor in seiner Meinung schwankend und uneindeutig. So kommentiert er das Streitgespräch zwischen Kreon und Haimon mit Zustimmung für beide völlig konträre Positionen (vgl. V. 724 f.) und verwischt damit sein eigenes Urteil. In den die Handlung kommentierenden Standliedern kommt es gar zu Fehlurteilen, die eine ungenügende Weitsicht offenbaren. Der Lobpreis des Friedens zu Beginn und der vorschnelle Jubel zum Ende der Dramenhandlung erweisen sich beispielsweise als trügerische Hoffnungen (vgl. erstes und fünftes Standlied). Auch die Thematisierung des Eros mit seiner verführerischen und zerstörerischen Kraft im dritten Standlied wird der Motivation und den inhaltlichen Aussagen Haimons im vorangehenden Streitgespräch nicht gerecht.

Ambivalente Beziehung zu Antigone

Genauso ambivalent wie zu Kreon ist auch die Beziehung des Chors zu Antigone. Ihr unbeugsames Auftreten bei Kreons Verhör veranlasst den Chor zu der Bemerkung, sie sei eine „starke Seele“ (V. 472), während er zugleich mehrfach ihre Tat als Trotz abwertet und Kreon im Recht sieht (vgl. V. 873). Ihren Gang in die Grabkammer beweint er jedoch und versucht, allerdings vergeblich, sie zu trösten (vgl. V. 802 ff.). Ihr Bedürfnis danach, verstanden zu werden und recht zu bekommen, erkennt er nicht und vergrößert damit ihre Einsamkeit. Erst nach ihrem Tod und Kreons Fall erlaubt sich der Chor einen zusammenfassenden und rückblickenden Kommentar, in welchem er Kreons Unrecht bezeugt und zugleich Antigone ins Recht setzt („Nie darf gegen Gottesgebot/Man freveln.", V. 1346f.).

3. Sprachgebrauch und Sprachverhalten

Der Chor gebraucht in seinen verschiedenen Funktionen unterschiedliche Sprachformen. Als dramatische Figur spricht er häufig zusammenfassende, wertende Kommentare, kritische Rückfragen sowie Warnungen aus. So nimmt er beispielsweise anders als Kreon die Selbstmordabsichten Haimons und Eurydikes wahr (vgl. V. 766ff., vgl. V. 1251f.) und warnt den König vor den Folgen seines Tuns. In diesem Sinne sind ihm auch die letzten, die Handlung deutenden Worte des Dramas vorbehalten (vgl. V. 1345ff.). In den Standliedern bedient er sich einer lyrisch-ekstatischen Sprache. Da hier die Anrufung der Götter im Mittelpunkt steht, sind die Partien sprachlich an religiöse Hymnen angelehnt. Typisch hierfür sind Imperative und Anrufe der Gottheiten (vgl. bspw. V. 1140ff.).

4. Zusammenfassende Bewertung

Als dramatische Figur verkörpert der Chor stellvertretend die bürgerliche Öffentlichkeit Thebens. Deshalb richtet Antigone an ihn ihren letzten Appell, ihre Einkerkerung als ein Unrecht wahrzunehmen (vgl. V. 940ff.). Da er dies aus Gründen seiner taktischen Haltung zu Kreon zu spät tut, gilt auch ihm der Vorwurf des Dieners: „Tot sind sie [gemeint sind Antigone und Haimon], und die Lebenden sind schuld." (V. 1173) Indem der Chor Kreons Macht und seinen Absolutheitsanspruch zunächst akzeptiert, zeigt er das Verhalten der Menge unter einer autoritären Führung. In seinen lyrischen Partien übernimmt er eine andere Rolle. Darin reflektiert er die Handlung und überführt sie abstrahierend auf eine verallgemeinernde Ebene. Es geht ihm hier um Erkenntnisse und Wahrheiten, die, weil sie allgemeine Gültigkeit haben, auch schon in den Mythen bezeugt sind und sich in der Dramenhandlung wiederum bestätigen. Die Fehlurteile des Chors machen jedoch zugleich deutlich, dass er ebenso wie die übrigen Figuren auf der Bühne lediglich über ein begrenztes Reflexions- und Auffassungsvermögen verfügt und dem Zuschauer die Deutungsarbeit nicht abnimmt.

Der Wächter

1. Personalien und sozialer Status

Bei dem Wächter handelt es sich um einen Mann aus dem einfachen Volk, der Kreon direkt unterstellt ist und auf seinen Befehl hin handelt. Er hat die Aufgabe, die Leiche des Polyneikes zu bewachen und einen Verstoß gegen das Bestattungsverbot zu unterbinden. Da ihm dies zwei Mal nicht gelingt, tritt er einmal vor Kreon, ohne einen Täter nennen zu können, und liefert ihm das andere Mal Antigone als Täterin aus.

2. Wesentliche Charaktereigenschaften und Verhaltensweisen: Der Wächter als komische Figur

Die Art und Weise, mit welcher der Wächter seinem Herrn gegenübertritt, zeigt ihn bereits als eine von jeglicher Tragik unberührte, komische Figur. So berichtet er weitschweifig von seiner Reise und wirkt beinahe unverschämt, wenn er unverblümt angibt, sich keineswegs beeilt zu haben (vgl. V. 223 ff.). Hier parodiert Sophokles den für die Tragödie typischen Botenbericht, der einen eiligen, von der Schwere seiner Nachrichten getriebenen Unheilverkünder vorsieht, und verleiht seiner Wächterfigur einen komischen Zug.

Indem der Wächter sich zudem mit der Tat selbst und der ihr zugrunde liegenden Motivation nicht auseinandersetzt, sondern in erster Linie seine eigene Haut zu retten versucht, steht er außerhalb der gewichtigen Tragik des Geschehens.

Suche nach dem eigenen Vorteil

Es geht ihm vorrangig um den eigenen Vorteil. Deshalb beteuert er zunächst seine eigene Unschuld, bevor er über die Bestattung spricht („Ich war es nicht, ich weiß auch nicht, wer's war./Nicht recht wär's, müsste ich drum Böses leiden.“, V. 239 f.).

Unverständnis für Antigone und Egozentrik

Obwohl er durchaus mit Antigone sympathisiert, ist ihm die eigene Rettung wichtiger und er führt sie als Täterin vor

Kreon. Typisch für ihn, einen Mann aus dem einfachen Volk, ist es, dass er weder die Motivation ihrer Tat noch ihre standhafte und stolze Reaktion nach ihrer Gefangennahme versteht (vgl. V. 436ff.). Die Eigennützigkeit des Wächters zeigt sich zum Schluss erneut darin, dass er seine eigene Leistung bei der Überführung Antigones selbstbewusst hervorhebt („Nein, mein ist dieser Fund und keines andern.", V. 398).

Handeln aus niederen Beweggründen

Der Bericht von der beinahe gewalttätigen Auseinandersetzung zwischen den Wächtern, nachdem die Täterin unbehelligt entkommen war, spiegelt die niederen Beweggründe dieser Figur nochmals (vgl. V. 259ff.). Die gegenseitigen Beschuldigungen und Verdächtigungen sind des Weiteren aber auch Auswirkungen der tyrannischen Herrschaftsausübung Kreons, bei welcher auf Gnade oder Verständnis nicht zu hoffen ist.

Versteckte Kritik an Kreons tyrannischer Herrschaft

Auf komisch-schlagfertige Art gelingt es dem Wächter dennoch, versteckt Kritik an Kreon zu üben, die dieser in seinem begrenzten Fassungsvermögen und seiner mangelnden Selbstkritik nicht versteht. So wirft der Wächter beispielsweise mit der von ihm vorgebrachten Sentenz „Wie schlimm,/Dass auch Maßgebende sich arg vermessen!" (V. 322f.) dem Herrscher dessen Fehler vor und kommt dennoch ungeschoren davon.

3. Sprachgebrauch und Sprachverhalten

Da der Wächter die Funktion hat, dem Zuschauer die Geschehnisse an einem bühnenfernen Ort nahezubringen, verleiht ihm Sophokles die Gabe einer detailgetreuen und lebendigen Schilderung. So berichtet er sehr ausführlich von den näheren Umständen der zweiten Bestattung („Da plötzlich steigt/Ein Wirbelwind vom Boden auf zum Himmel,/Stürmt durch die Ebene, entlaubt die Bäume/Und füllt mit Staubgewölk ringsum die Luft", V. 418ff.). Dies ist insofern sehr wichtig, als hier deutlich wird, dass der aufkommende Sandsturm auch als Zeichen einer göttlichen Heimsuchung gedeutet werden kann und der Wächter Antigone lediglich bei dem Ausgießen der Opferspende beobachten konnte. Weiterhin benutzt er schlagfertige, doppeldeutige Redewendungen und Sentenzen (vgl. V. 316, vgl. V. 318, vgl. V. 322). Auf diese Weise schafft er es, hintergründige Kritik an Kreon vorzubringen und zugleich den Fortgang der Handlung vorauszudeuten.

4. Zusammenfassende Bewertung

Der Wächter nimmt im Figurenensemble der Tragödie eine Sonderrolle ein. Als Vertreter des einfachen Volkes widerspricht er der Ständeklausel, wonach in einer Tragödie nur die Konflikte von Personen aus höhergestellten Ständen dargestellt werden sollten, und als komische Figur der Gattung. Mit seinem Auftreten bricht Sophokles somit die strengen Regeln der Tragödie fast selbstironisch ein wenig auf und sorgt für Auflockerung. Dennoch übernimmt die Figur wichtige Funktionen. So spiegeln sich beispielsweise in dem unsozialen Verhalten der Wächter untereinander die Folgen einer undemokratischen und unterdrückerischen Herrschaftsausübung. In seinen doppeldeutigen Redewendungen wird zudem die Problematik der Kreon-Figur offenbar.

Der Blick auf den Text: Die Szenenanalyse

Eine Szene analysieren – Tipps und Techniken

Für die Analyse eines Textauszugs stehen grundsätzlich zwei verschiedene Methoden zur Auswahl: Die Linearanalyse und die aspektgeleitete Analyse.

In der **Linearanalyse** werden die einzelnen Abschnitte systematisch analysiert, das heißt ihrer Reihenfolge nach. Dies führt in der Regel zu genauen und detaillierten Ergebnissen. Allerdings besteht dabei die Gefahr, dass zu kleinschrittig gearbeitet wird und die übergeordneten Deutungsaspekte aus dem Blick geraten.

In der **aspektgeleiteten Analyse** werden diese Deutungsschwerpunkte von vornherein festgelegt. Daraus ergibt sich in der Regel eine problemorientierte und zielgerichtete Vorgehensweise. Dabei werden jedoch die Deutungsaspekte, die nicht im Fokus des Interesses stehen, vernachlässigt.

Aufbauschema:

1. **Einleitung:**
   - Themensatz: Autor, Titel, Textsorte, Erscheinungsjahr, Thema, kurze Inhaltsangabe

↓

2. **Einordnung der Szene in das Drama:**
   Was geschieht vorher, was nachher?

Linearanalyse	*aspektgeleitete Analyse*
3. Aufbau der Szene: • Auflistung der Textabschnitte/ Textgliederung	**3. Untersuchungsschwerpunkte:** • Auflistung der ausgewählten Untersuchungsaspekte
↓	↓
4. Beschreibung und Deutung der unter 3. angegebenen Textabschnitte: • Aussagen zum Inhalt des jeweiligen Abschnitts • Aussagen zur Deutung, Einbetten in den Zusammenhang des Dramas • Einbezug der sprachlichen Gestaltung • Überleitung zum nächsten Textabschnitt	**4. Beschreibung und Deutung der unter 3. angegebenen Aspekte:** • Benennen des jeweiligen Aspekts • Aussagen zur Deutung, Einbetten in den Zusammenhang des Dramas • Einbezug der sprachlichen Gestaltung

5. **Schluss:**
   - Zusammenfassung der Ergebnisse
   - Einordnung in einen größeren Deutungszusammenhang
   - Bewertung

Beispiel für eine Linearanalyse: Kreon und Teiresias

Aufgabe: Analysieren Sie das Gespräch zwischen Kreon und dem Seher Teiresias (V. 988–1114).

Einleitung

Im antiken Drama „Antigone" des griechischen Dichters Sophokles, welches im Jahr 442 oder 441 v. Chr. geschrieben und erstmals aufgeführt wurde, geht es um die Frage nach der Natur des Menschen in seiner Beziehung zu anderen Menschen, zu seiner natürlichen Umwelt und zum Göttlichen. Im Zentrum steht die Geschichte Antigones als der titelgebenden Figur, welche das königliche Verbot der Bestattung ihres Bruders missachtet und dafür die Todesstrafe erwartet. Trotz des Widerstandes aus dem Volk und seitens seines Sohnes Haimon verfolgt König Kreon unerbittlich sein Ziel, die Leiche seines Feindes Polyneikes den Vögeln und Hunden zum Fraß vorzuwerfen und Antigone als Strafe für ihren Ungehorsam lebendig in ein Felsengrab einzumauern.

Einordnung der Szene in das Drama

Die zu analysierende Szene beinhaltet ein Streitgespräch zwischen Kreon und dem Seher Teiresias, welches die entscheidende Wende bezüglich des Königsschicksals auslöst und sich somit formal der Peripetie zuordnen lässt. Ein letztes Mal erhält Kreon eine Warnung, die ihn zur Umkehr aufruft. Ebendiese hat er zuvor im Streitgespräch mit seinem Sohn Haimon verweigert und Antigone in ihr Felsengrab einschließen lassen. Dieser Kontext macht die Dringlichkeit verständlich, mit welcher Teiresias auftritt, denn die Situation hat sich bis aufs Äußerste zugespitzt.

Aufbau der Szene in fünf Abschnitte

Die Szene lässt sich in fünf Abschnitte einteilen. Das Gespräch beginnt im ersten Abschnitt (V. 988–997) zunächst versöhnlich, da sich Kreon der vergangenen Leistungen des Sehers für die Polis erinnert und ihm somit Zustimmung signalisiert. Der zweite Abschnitt (V. 998–1047) besteht aus zwei längeren Ausführungen beider Gesprächspartner (Rhesis), in denen sie sich gegenseitig Vorwürfe machen. Der dritte Abschnitt (V. 1048–1063) zeigt das Aufeinanderprallen beider Positionen in Form eines schnellen, heftigen Wortgefechtes (Stichomythie). Eine Weissagung des Teiresias im vierten Abschnitt (V. 1064–1090) ist dessen zornige Reaktion auf Kreons Unvernunft und endet mit seinem unmittelbaren Abgang von der Bühne. Der fünfte und letzte Abschnitt (V. 1091–1114) zeigt Kreon, wie er im Wechselgespräch mit dem Chor seine ursprüngliche Meinung ändert und seine Entscheidungen rückgängig machen will.

1. Abschnitt: Gesprächsbeginn in scheinbarer Harmonie

Wie zuvor bereits die Gespräche zwischen Ismene und Antigone (Prolog) sowie zwischen Kreon und Haimon (dritter Auftritt) beginnt auch dieses Gespräch in scheinbarem, gegenseitigem Einvernehmen. Teiresias eröffnet die Unterredung mit dem Appell, ihm zu folgen, und Kreon bestätigt ihm seine bislang bedeutungsvolle Rolle bezüglich der Regierungsarbeit in der Polis. Umso erschrockener reagiert er auf Teiresias' Ankündigung, sein Glück stehe „auf Messerschneide" (V. 996).

2. Abschnitt: Darlegung der kontroversen Positionen in Form der Rhesis

Die beiden längeren Gesprächspassagen im zweiten Abschnitt zeigen die Positionsbestimmungen des Sehers sowie Kreons. Teiresias beginnt und beschreibt zunächst seine Beobachtungen in seiner Tätigkeit als Vermittler zwischen den Menschen der Stadt und ihren Göttern. Die tödliche Aggression mehrerer Raubvögel, die er bei der Vogelschau wahrgenommen hat (vgl. V. 1001 ff.), lässt sich als Spiegel des Kampfes zwischen Eteokles und Polyneikes deuten. Sie gilt ihm als ein erstes Anzeichen dafür, dass die Stadt krank sei (vgl. V. 1015). Diese Diagnose jedoch trifft

Zwei Zeichen offenbaren Kreons Freveltaten

er erst, nachdem er seine These anhand eines zweiten Zeichens, des Tieropfers, überprüft hat. Dieses ist eine symbolische Handlung des Menschen, um das Wohlwollen der Götter auf die menschliche Gemeinschaft herabzurufen oder auch um nach einem Fehler den Göttern ein Versöhnungsangebot zu machen. Der Knabe, der Teiresias dient, hat diesem jedoch mitgeteilt, dass den Menschen in diesem Fall „das Opfer zeichenlos missglückt" (V. 1014) sei. Der Seher führt dies auf die Entweihung der Opferherde durch ebenjene Vögel und Hunde zurück, die Leichenteile des Polyneikes gefressen haben. Erst an dieser Stelle wird erstmals eine klare Wertung des Konflikts zwischen Antigone und Kreon durch eine Autoritätsperson vorgenommen. Dabei wird nicht nur deutlich, dass Kreon im Unrecht ist, weil er gegen die Götter gefrevelt hat, sondern auch, welches Ausmaß an Zerstörung er damit heraufbeschwört. Denn seine gotteslästerliche Tat bewirkt nicht nur persönliches Unheil, sondern ruft dieses auf die gesamte Polis herab. Das Bestattungsverbot hat somit gleichermaßen einen persönlichen, theologischen und politischen Bezugsrahmen.

Teiresias' Appell zur Umkehr

Nachdem Teiresias Kreon seinen schweren Fehler auf diese Weise deutlich gemacht hat, trifft er zunächst die verallgemeinernde Aussage von der Fehlbarkeit des Menschen, welcher entweder daraus lernen oder zugrunde gehen kann (vgl. V. 1023 ff.), um dem Herrscher die Alternativen seines Handelns vor Augen zu halten. Sein Appell „Quäl nicht die Toten!" (V. 1029) und sein polemischer Hinweis darauf, dass die Aggression gegen eine Leiche keine Heldentat sei (vgl. V. 1030), sollen Kreon zur Umkehr bewegen. Teiresias erhöht hier die Eindringlichkeit seiner Botschaft, indem er drei unmissverständliche, scharfe Appelle aneinanderreiht. Um sicherzugehen, dass Kreon seine Intention richtig versteht, betont er abschließend durch mehrfache Wiederholung und Steigerung des Adjektivs „gut" (vgl. V. 1031 f.), dass es ihm bei seiner Warnung um das Wohl des Königs geht.

Kreons Unbelehrbarkeit und seine stereotype Wiederholung von Vorwürfen

Kreons Antwort offenbart jedoch sogleich, dass er das Wohlmeinen des Sehers nicht erkennt, sondern sich sogleich verfolgt fühlt und die Kritik als Angriff auf seine Person deutet (vgl. V. 1033f.). Er sieht sich als Opfer eines politischen Manövers und wirft Teiresias vor, von seinen Gegnern bestochen worden zu sein (vgl. V. 1034ff.) Dass er sogar dem Seher als Vertreter des göttlichen Bereichs solch niedere Beweggründe vorhält, zeigt bereits seine Respektlosigkeit vor dem Religiösen, das ihm fremd ist und das er nicht versteht. Seine Aussagen steigern sich diesbezüglich endgültig zur Gotteslästerung, als er sogar vor Zeus nicht haltmacht. Gleich doppelt betont er starrsinnig seine Weigerung, Polyneikes' Leiche zu bestatten, und äußert deutlich seine Gleichgültigkeit für den Fall, dass ein Adler die Leichenteile bis zu dem Thron des Zeus tragen könnte (vgl. V. 1039ff.). Mit dieser Aussage zeigt er seine Geringschätzung gegenüber der Macht des obersten Gottes. Zudem weist er mit der Behauptung, „[d]ass Menschen Götter nicht beflecken können" (V. 1044), die Vorwürfe des Sehers und dessen religiöse Deutung des Geschehens unbedacht zurück. Sein Blickwinkel reicht schlicht nicht aus, um die Dimensionen seines eigenen Handelns richtig einschätzen zu können. Auch deshalb schließt er seine Ausführungen mit dem stereotypen Vorurteil, Teiresias habe nur den eigenen Gewinn im Sinn (vgl. V. 1046ff.).

3. Abschnitt: Die Stichomythie zeigt die Entzweiung und Entfremdung

Der dritte Textabschnitt zeigt die endgültige Entzweiung der Gesprächspartner. In Form einer Stichomythie formulieren die beiden gegenseitige Beschuldigungen. Der einleitende Ausruf „Ach!" (V. 1047) des Sehers offenbart dessen ehrliches Entsetzen über den Starrsinn und den Unverstand Kreons. Es folgt ein zunächst elliptischer Satz („Weiß wohl ein Mensch und denkt er wohl daran –", V. 1048), der den Eindruck noch verstärkt, dass der Seher hier emotional reagiert und ihm die Worte zunächst fehlen. Hier weiß Teiresias schon, dass der König seine letzte Chance auf Rettung soeben verspielt hat und das Schicksal endgültig seinen Lauf nehmen wird. Kreon hingegen spürt dies nicht,

Der Wendepunkt – Kreon hat seine letzte Chance verspielt

sondern provoziert ihn weiter, sodass Teiresias seinen Satz zunächst noch allgemein mit dem Lobpreis auf die Besonnenheit beendet und dann zunehmend ärgerlich wird. Der Ton wird merklich schärfer und angriffslustiger. Auf die monotonen und verallgemeinernden Vorwürfe Kreons reagiert der Seher mit dem Vorwurf der Machtbesessenheit (vgl. V. 1055 ff.). Kreon ist überrascht und ungläubig, denn es erfordert viel Mut, sich derart offen gegen den Herrschenden zu stellen. Er lässt jedoch von seiner aggressiven Gesprächstaktik nicht ab und bringt damit Teiresias zu der Ankündigung, ihm sein Geheimnis zu offenbaren. Es besteht eine Diskrepanz zwischen dem Schwerwiegenden, was der Seher zu vermitteln versucht, und der inhaltlichen Leere von Kreons Aussagen. Besonders deutlich wird dies an Teiresias' doppeldeutiger Verwendung des von Kreon ins Spiel gebrachten Wortes „Lohn" (V. 1061 f.). Wo jener wiederum nur das Geld meinte, gebraucht es der Seher nun als Synonym für das Unheil, welches Kreon durch seine eigene Schuld auf sich und die Seinen heraufbeschworen hat.

4. Abschnitt: Teiresias' unheilvolle Weissagung

Der vierte Abschnitt beinhaltet die Zukunftsweissagung des Sehers, welche in verhüllender, orakelhafter Sprache vorgenommen wird. In ihr wird nicht nur klar, was den König nun erwartet, sondern auch die gesamte Dimension des von ihm begangenen Fehlers. Mit seinem Handeln habe er die kosmische Ordnung in ihrer klaren Aufteilung von Oben und Unten verletzt. Eine Lebende sei „schmählich in des Grabes Haus" (V. 1069) geworfen worden, während eine Leiche „grab- und grabesweihnberaub[t]" (V. 1071) den unteren Göttern gewaltsam vorenthalten werde. Polyneikes und Antigone sowie auch die Götter werden somit durch Kreon ihrer elementaren Rechte beraubt, ein Vorgang, den Teiresias mit dem Terminus „Vergewaltigung" (V. 1073) brandmarkt. Die Folge ist eine empfindliche Störung im Gleichgewicht der weltbewegenden

Vergewaltigung durch Umkehrung der kosmischen Ordnung

Mächte, die nach Sühne verlangt. Kreon wird dafür, dass er der Unterwelt einen Toten vorenthalten hat, mit dem Verlust eines Menschen aus seiner Familie büßen müssen (vgl. V. 1066f.). Der Herrscher hat in seiner Verblendung insbesondere die unteren Götter, Hades und die Erinnyen, gegen sich aufgebracht und muss nun deren Rache fürchten (vgl. V. 1074f.). Er hat um der Durchsetzung seiner egoistischen politischen Ziele willen die kosmische Harmonie zerstört, weil er die religiöse Dimension des Lebens in ihrer Bedeutsamkeit verkannt hat. Dadurch hat er zugleich ein Prinzip seines Denkens, den Hass, auf die Geschicke der Stadt übertragen, welche in der Folge im Chaos versinkt (vgl. V. 1080). Anders als es Kreon vermutet, ist die Ursache des lebensfeindlichen und verneinenden Chaos also nicht der Ungehorsam gegen den Herrscher, sondern die Missachtung der göttlichen Gebote, insbesondere des ungeschriebenen Gesetzes, Verstorbene zu bestatten.

Selbstzerstörung und Chaos als Folge des Frevels

Die Stadt, die einen solchen Frevel zulässt oder unterstützt, zerstört sich schließlich selbst, denn sie ist der „Götter Herd" (V. 1083) und darf als solcher nicht entweiht werden. Antigone hat eindeutig recht. Der Seher beendet seine finstere Weissagung mit einem Vergleich. Seine Worte werden Kreon, Pfeilen gleich, ins Herz treffen (vgl. V. 1084f.) und gleichermaßen unentrinnbar wird sich sein Spruch erfüllen. Ohne Kreons Reaktion abzuwarten, verlässt er unversöhnt die Bühne, nachdem er sich von Kreon ab- und dem Knaben zugewandt hat. Indem er diesem gegenüber seine Meinung über Kreon abschließend noch einmal kundtut und dabei über den König in der dritten Person spricht (vgl. V. 1088f.), zeigt er besonders eindrücklich seine endgültige Abwendung von ihm.

5. Abschnitt: spätes Einlenken eines hilflosen Königs

Der fünfte und letzte Abschnitt beinhaltet ein Zwiegespräch zwischen dem Chor und Kreon, in dessen Verlauf der König schließlich einlenkt und den Willen kundtut, seine Entscheidungen rückgängig zu machen. Er reagiert damit auf einen erschütterten Ausruf des Chorführers nach dem Abgang des Teiresias, bei welchem dieser das unfehlbare Eintreffen der bisherigen Weissagungen anspricht. Kreons Antwort offenbart seine Furcht, die ihn zum Einlenken motiviert. Nicht aus wahrer Einsicht, sondern aus der Abwägung des größeren Übels erfolgt sein Entschluss („Hart ist es, nachzugeben; aber hart/Ist's auch, verblendet wilden Trotz zu büßen.", V. 1096f.). Dabei ist auffällig, dass er nicht selbst die Umkehr seiner Taten beschließt, sondern dies erst auf Anraten des Chores tut und dabei recht hilflos wirkt. Die Souveränität fällt von ihm ab, umso mehr, als nun auch der Chor die Wertung des Teiresias übernimmt und Kreon aufgrund seiner Taten als „den Bösen" (V. 1104) bezeichnet. Wo Kreon zuvor die eigene Macht betont hat, hat er nun Angst vor der Macht des Schicksals, die Rache für das vergangene Unrecht fordert (vgl. V. 1106). Die Szene endet mit dem Beschluss, zunächst Antigone zu befreien und die Bestattung der Leiche den Dienern zu überlassen. Zu Recht fürchtet Kreon, den Wettlauf mit der Zeit nicht gewinnen zu können, weil seine Entscheidungen sich als irreversibel erweisen.

Die Macht des Schicksals ist größer als die des Menschen

Bei der Szene handelt es sich um eine der Schlüsselstellen des Dramas. Inhaltlich wird der zuvor noch nicht endgültig bewertete Konflikt zwischen Antigone und Kreon zugunsten der Titelfigur geklärt. Dass diese Passage aus dem Mund der Seherfigur stammt, entspricht dem Weltbild des Dramas, wonach die Macht der Götter den Menschen trotz dessen ungeheuren Fähigkeiten beherrscht. Formal (d.h. dramentechnisch) handelt es sich um eine Retardation der Handlung. Das Schicksal Kreons steht wie von Teiresias konstatiert zu Beginn noch auf Messerschneide, dann jedoch besiegelt der König es selbst, indem er unbelehrbar, starrsinnig und blasphemisch agiert.

Schluss: Zusammenfassung und Wertung

In den Aussagen des Teiresias als letztem und stärkstem Mahner finden sich Bezugspunkte für die Deutung der

Überlegungen zur bleibenden Aktualität der Aussagen

heutigen Wirklichkeit. Seine Warnung, die kosmische Ordnung nicht zu verletzen, kann als Appell verstanden werden, lebensverneinende Mechanismen nicht zum Handlungsprinzip zu machen, sondern auch im politischen Sinne in erster Linie danach zu fragen, was dem Leben der Gemeinschaft dient und was ihm schadet. Die Herrschsucht Einzelner darf nicht die Wahrung elementarer Rechte der Lebenden und der Toten überlagern. Teiresias führt vor, in welch komplexen Dimensionen politische Entscheidungen bedacht und getroffen werden müssen. Obgleich die Sehergestalt in vielen modernen Antigone-Versionen fehlt, weil sie in den aktualisierten Bezugsrahmen nicht mehr passt, stellt sich doch die Frage nach ihrem spezifischen Wert. Bei Sophokles kann erst durch sie das Handeln der Gegenspieler Kreon und Antigone eindeutig gewertet werden. Der Grund dafür ist die Beziehung zum Religiösen, welche dem Menschen ermöglicht, die Wirklichkeit zu transzendieren und für sich tiefere Deutungsschichten zu eröffnen. In Bezug auf die Vielschichtigkeit der heutigen Weltdeutungen ließe sich fragen, worin der Mensch als jemand, den es bald zum Bösen, bald zum Guten treibt (vgl. V. 367), einen Maßstab seines Handelns finden kann.

Beispiel für eine aspektgeleitete Analyse: Das Menschenbild des Dramas anhand eines Vergleichs der ersten beiden Standlieder

Aufgabe: Stellen Sie das im Drama vorherrschende Menschenbild anhand eines Vergleichs der ersten beiden Standlieder dar. Berücksichtigen Sie hierzu insbesondere das Verhältnis des Menschen zur Natur und zu den Göttern.

Einleitung

Im Drama „Antigone" des griechischen Dichters Sophokles, welches im Jahre 442 oder 441 v. Chr. geschrieben und erstmals aufgeführt wurde, geht es um die Frage nach den sittlichen Maximen für das Zusammenleben der Menschen in der Polis. Dargestellt wird der Widerstand einer jungen Frau, Antigone, gegen das vom Herrscher Kreon erlassene Bestattungsverbot seines Feindes Polyneikes. Dieser ist Antigones Bruder und hat versucht, die Stadt Theben gewaltsam zu unterwerfen. Da Antigone an ihm die heiligen Bestattungsriten vollzieht, wird sie von Kreon dazu verurteilt, lebendig in eine Grabkammer gestoßen zu werden. Dieses Urteil wird sowohl von dem Sohn des Herrschers, Haimon, welcher mit der Verurteilten verlobt ist, als auch vom Seher Teiresias infrage gestellt. Beide warnen Kreon vor den Folgen seines Tuns, mit welchem er das heilige Recht der Götter missachtet und seine eigene Macht überschätzt. Kreon hört in seiner Verblendung erst zu spät auf die unheilvollen Zeichen und wird mit dem Selbstmord Haimons und dem seiner Frau Eurydike grausam bestraft.

Einordnung der Standlieder in das Drama

Der Gang der Handlung wird immer wieder von Liedern des Chores unterbrochen, die die Funktion haben, das Geschehen zu reflektieren und die zugrunde liegende Thematik zu erhellen. Die ersten beiden Standlieder handeln vom Menschen und seinen Fähigkeiten und Begrenzungen. Für die Interpretation ist entscheidend, dass das erste Standlied zwar nach der Tat Antigones, jedoch vor ihrer Entdeckung angesiedelt ist, das zweite indes, nachdem Antigone ein zweites Mal die Bestattungsriten am Leichnam vollzogen hat und dabei gefasst, vor Kreon geführt und zum Tode verurteilt worden ist. Der Chor weiß somit erst beim Singen des zweiten Standliedes, dass Antigone ein unheilvolles Schicksal bevorsteht.

Untersuchungsaspekte:

In seinem ersten Standlied besingt der Chor die außerordentlichen, gleichzeitig großen und schrecklichen Fähigkeiten des Menschen auf einer allgemeinen Ebene der Reflexion. Das zweite Standlied enthält einige Antithesen zum ersten, denn es handelt von der Ohnmacht des Menschen angesichts der Gewalt des göttlichen Willens. Somit hat es die Funktion eines Korrektivs zum ersten. Erst eine Untersuchung beider Standlieder in ihrem inneren Zusammenhang lässt Rückschlüsse auf das dem Drama zugrunde liegende Menschenbild zu. Sophokles macht die Besonderheit des Menschen an seiner Beziehung zur Natur und zu dem Göttlichen fest. Deshalb sollen diese Aspekte zunächst nacheinander vergleichend untersucht werden. Im Anschluss daran sollen die Analyseergebnisse zusammengefasst, gedeutet und auf das Gesamtwerk bezogen werden.

1. Die Beziehung des Menschen zur Natur …
2. … und zum Göttlichen
3. Das Menschenbild im Drama

Die Macht des Menschen wird im ersten Standlied insbesondere an seiner Fähigkeit, sich die Natur zu unterwerfen, festgemacht. Dass er in der Lage ist, als Seefahrer der Macht des Meeres und des Wetters zu trotzen (vgl. V. 334 ff.) und sich als Ackerbauer das von der Erde zu nehmen, was er zum Leben braucht (vgl. V. 338 ff.), zeigt bereits seine der Natur übergeordnete Stellung. Dass er nicht nur ein Teil von ihr ist, sondern in ihre Ordnung durch seine Fähigkeit zum Denken einschneidend eingreift, wird weiter an seiner Beziehung zu der tierischen Umwelt gezeigt. So unterwirft er sich als Jäger die Bewohner des Meeres und der Luft und bezwingt sogar die ihm an Kraft weit überlegenen wilden Tiere wie etwa Pferde und Bergstiere (vgl. V. 342 ff.). Seine der unbelebten wie belebten Natur überlegene Position wird sprachlich durch die Verwendung des Superlativs „[d]er überkluge Mann“ (V. 347) verdeutlicht.

1. Die Beziehung des Menschen zur Natur

Die „ungeheuren“ Fähigkeiten des Menschen

Der Mensch als Bezwinger der Natur

Als ein Wesen, das anders als ein Tier nicht über einen Körper verfügt, der zum Überleben in der Wildnis notwendig ist, kompensiert er diesen Mangel durch seine Lernfähigkeit. Seine Umgebung erschafft er künstlich nach seinen spezifischen Bedürfnissen nach Nahrung, Schutz und Gemeinschaft. Bei der Erschaffung einer solchen menschen-

Die kognitiven Leistungen des Menschen

freundlichen Lebensumgebung hilft ihm seine Fähigkeit zur Sprache und zum Denken (vgl. V. 353 f.). Die Leistungen des Menschen gipfeln schließlich in der Fähigkeit, das menschliche Leben in Form eines Staates zu organisieren (vgl. V. 354). Sogar gegen Krankheiten („heillos Leiden" V. 363) kann der Mensch dank seiner medizinischen Kenntnisse vorgehen.

Einschränkungen der menschlichen Macht:

Erste Einschränkungen bezüglich der solcherart ungeheuren Fähigkeiten werden jedoch auch schon im ersten Standlied angedeutet und im zweiten dann fortgeführt. Eine absolute Grenze des Menschen besteht im Tod, gegen den sich der Mensch noch keinen Rat ersonnen hat (vgl. V. 361 f.). Im zweiten Standlied werden diese Aussagen noch vertieft, indem die Macht der Götter über das Schicksal des Menschen betont und somit der Mensch ihnen gegenüber als Machtloser dargestellt wird. Zeus wird als der „[e]wig[e] Herr" (V. 608) gepriesen, welcher anders als der Mensch weder dem Schlaf noch Alterungsprozessen unterworfen ist. Hiermit wird das Problem der Zeit angesprochen, welches ein wesentliches Moment für die Begrenztheit des Menschen darstellt. Einzig die Hoffnung vermag ihn über seine beständige Gefährdung sowie über seine Vergänglichkeit hinwegzutäuschen und ermöglicht ihm hierdurch eine sorgenfreie Existenz. Diese jedoch birgt die Gefahr des Fehlurteilens (vgl. V. 615 ff.).

Die Sterblichkeit des Menschen

Das Problem der Zeit

2. Die Beziehung des Menschen zum Göttlichen

Der gesamte Kosmos erscheint als von göttlichen Mächten durchwirkt. Gegen das von ihnen verhängte Schicksal kann der Mensch nichts ausrichten. Bildhaft wird die menschliche Ohnmacht durch den Vergleich mit einem vom tosenden Meer aufgewühlten Meersand ausgedrückt (vgl. V. 591 f.). Wie ein Sandkorn nicht gegen die Gewalt des Meeres ankommt, kann sich der Mensch gegen das, was auf ihn eindringt, nicht wehren.

Die Macht und Allgegenwart der Götter

Der Mensch als Scheiternder …

Wie der Mensch ein Opfer der Naturgewalten ist, so unentrinnbar wirkt der von Göttern verhängte Fluch über den

... durch einen von Göttern verhängten Fluch (Antigone)

Menschen über Generationen einer Familie weiter. Konkret meint der Chor damit das Geschlecht der Labdakiden, welches unendliches Leid erfährt und durch Antigones nahenden Tod im Begriff ist, endgültig zu verschwinden (vgl. V. 594ff.). Das Unheil, welches dem Einzelnen widerfährt, wird somit in einen größeren Zusammenhang eingebettet: Der Mensch scheitert, weil es das Schicksal so will. Er kann sich deshalb seines Glückes niemals sicher sein, sondern muss fürchten, dem Unheil anheimzufallen (vgl. V. 613ff.).

... durch das eigene Handeln aus Verblendung (Kreon)

Der Mensch hat allerdings auch einen Anteil an seinem eigenen Unglück. Seine Neigung, Fehler zu machen, resultiert paradoxerweise aus seinem ungeheuren Wissen und seiner Fähigkeit zu denken (vgl. V. 365ff.). Insofern er nicht von seinen Instinkten geleitet ist, treiben ihn diese Fähigkeiten „[b]ald zum Bösen und wieder zum Guten“ (V. 367). Die Gefahr, in Verblendung zu geraten und sich selbst dadurch zugrunde zu richten, kann aus einer Täuschung über das, was gut und böse ist, entstehen (vgl. V. 623ff.). Wer also den Weg der Selbstbescheidung und der Besonnenheit verlässt und sich selbst überschätzt, der kann als jemand gelten, „welchem ein Gott das Herz/In Verblendung führte“ (V. 623f.). Das von den Göttern verhängte Schicksal steht offensichtlich in einem engen Zusammenhang mit dem menschlichen Handeln, sodass die Ursache für den tragischen Fall jeweils in beiden Dimensionen zu suchen ist. Exemplarisch wird diese Wahrheit im Drama an der Kreon-Figur gezeigt. Anders als Antigone lastet auf ihm kein Fluch, sondern er gerät durch seine Hybris in Verblendung, für die er schließlich von den Rachegöttinnen und dem Gott der Unterwelt, Hades, verfolgt wird (vgl. 1074f.).

3. Das Menschenbild im Drama

Die allgemeinen Aussagen, die der Chor über den Menschen trifft, sind untrennbar mit dem Gang der Handlung und den Antagonisten Antigone und Kreon verbunden. Dabei wird das Unheil, welches beide trifft, jeweils anders begründet. Während Antigone als Opfer des Familienfluchs erscheint, treffen auf Kreon die Aussagen aus den Chorliedern zu, die die Gefahr des Fehlurteilens und des Handelns aus Verblendung hervorheben. Beiden ist gemeinsam, dass sie nicht glücklich werden können. Obwohl Sophokles im ersten Standlied die außerordentlichen Fähigkeiten und Begabungen des Menschen hervorhebt, dominiert im Drama ein pessimistisches Menschenbild. Dem von den Göttern verhängten Unheil kann der Mensch nicht entfliehen und nach einem Beispiel für eine gelungene Existenzform, in welcher die ethische Forderung nach Besonnenheit verwirklicht wird und die dabei weder tragisch noch bedeutungslos endet, sucht der Zuschauer im Schauspiel vergebens. Insofern bewahrheitet sich an dem Handlungsverlauf die Mehrdeutigkeit der zentralen Aussage über den Menschen, nichts sei „[u]ngeheuerer" (V. 333) als er. Ist er einerseits zu wahrer Größe in der Lage, trägt er andererseits zugleich immer auch ein selbstzerstörerisches Potenzial in sich.

Die exemplarische Bedeutung der Antagonisten und ihres Schicksals

Die ambivalente Natur des Menschen

Der Vergleich der Aussagen über den Menschen in den ersten beiden Standliedern zeigt eine sehr komplexe und zugleich religiöse Vorstellung vom Menschen auf. Dass darin die negativen Züge überwiegen, erklärt den tragischen Verlauf des Dramas noch einmal auf besondere Weise. Die Figuren sind vom Schicksal determiniert. Obwohl der Mensch so ungeheure Fähigkeiten besitzt, muss er scheitern.

Schluss

Der Blick auf die Prüfung: Themenfelder

Dieses Kapitel dient der unmittelbaren Vorbereitung auf die Prüfung: Schulaufgabe bzw. Klausur oder schriftliche bzw. mündliche Abiturprüfung. Die wichtigsten Themenfelder werden in einer übersichtlichen grafischen Form dargeboten. Außerdem verweist eine kommentierte Liste mit Internetadressen (S. 135) auf mögliche Quellen für Zusatzinformationen im Netz.

Die schematischen Übersichten können dazu genutzt werden,

- die wesentlichen Deutungsaspekte des Stücks kurz vor der Prüfungssituation im Überblick zu wiederholen,
- die Kerngedanken des Dramas noch einmal selbstständig zu durchdenken und
- mögliche Verständnislücken aufzuarbeiten.

Zum Verständnis der Schemata ist die Kenntnis der vorangegangenen Kapitel unerlässlich. Die folgende Schwerpunktsetzung beruht auf Erfahrungen aus jahrelanger Prüfungspraxis. Die Übersicht IV (Vergleichsmöglichkeiten mit anderen literarischen Werken, S. 134) soll als Anregung dienen, um den eigenen Lektürekanon auf möglicherweise interessante Vergleichspunkte hin abzuklopfen.

Übersicht I: Formale Aspekte des Dramas

„Antigone" als Beispiel einer klassischen griechischen Tragödie

Figurenkonstellation:
- Kreon und Antigone als Antagonisten, deren Konflikt die Handlung beherrscht
- **Zweifigurenstück**
- tragisches Figurenensemble mit Ausnahme des Wächters
- doppelte Funktion des Chors als Mitspieler und Kommentator

Aufbau des Dramas:
- Gestaltung des Dramas nach der Maßgabe der **drei Einheiten** der **Zeit** (Handlung spielt nur an einem Tag), des **Ortes** (mit Ausnahme des Prologs ist der Handlungsort der Platz vor dem königlichen Palast) und der **Handlung**
- Wechsel zwischen darstellendem Spiel in den **Auftritten** (gr. Epeisodia) und lyrisch-ekstatischen **Standliedern** (Chorlieder; gr. Stasima)
- **fünf Akte**, beginnend mit dem Prolog und dem Einzugslied (gr. Parodos) und endend mit der Klage (gr. Kommos) und dem Auszugslied (gr. Exodos)
- Anlage der drei großen Auseinandersetzungen mit dem König nach dem **Prinzip der dramatischen Steigerung**

Gestaltung der Gesprächspartien (Prolog, Auftritte 2 – 4):
- musterhafte Gestaltung verschiedener Gesprächspartien, die in Harmonie beginnen und im Dissens enden; Verwendung der rhetorischen Formen **längere Gesprächsbeiträge** (gr. Rhesis) und **schnelles Wortgefecht**, häufig über nur je eine Zeile (gr. Stichomythie)
- Entwicklung der Handlung durch die Grundform des Streits

Übersicht II: Entstehungshintergründe

„Antigone“ als zeitbezogenes, politisch und religiös akzentuiertes Drama

Der Zeitbezug: Die Polis Athen und die noch junge Demokratie

- Entstehungsort: der antike Stadtstaat Athen
- historische Entwicklung der Demokratie als einer neuen Staats- und Gesellschaftsform
- Einbeziehung der Bürger in die Angelegenheiten der Polis
- Reflexion über die Polis und die Bedingungen menschlichen Zusammenlebens im Drama
  - Frage nach den ethischen Grundlagen für ein menschenwürdiges Zusammenleben
  - Thematisierung des Konflikts zwischen tagespolitischen Erfordernissen (Kreon) und zeitlos relevanten humanen und religiösen Werten (Antigone)

Von Göttern und Menschen: Antike Mythologie

- religiöse Deutung der Dramenhandlung
- Hintergrund: die polytheistische Götterwelt des antiken Griechenlands
- Unterteilung der Welt in verschiedene Zuständigkeitsbereiche: „obere“, olympische, und „untere“, chtonische, Götter
  - Verletzung der göttlichen Ordnung durch Kreon: Begraben der lebendigen Antigone und Verhinderung der Weiterexistenz von Polyneikes’ Leiche in der Unterwelt
  - Mensch ist der Allgegenwart der göttlichen Macht unterlegen, sein zentraler Fehler besteht darum in der Hybris (Selbstüberschätzung)

Die Vorgeschichte: Das Haus der Labdakiden

- Übernahme der Antigone-Figur aus dem thebanischen Sagenkreis (mythische Erzählungen über das Herrschergeschlecht Thebens, die Labdakiden)
- Rückführung des tragischen Schicksals der Familienmitglieder auf einen Fluch aus der Vergangenheit
- Vorgeschichte:
  - Ödipus’ unwissentlicher Mord am Vater und sein Inzest mit der Mutter, mit der er vier Kinder (Antigone, Ismene, Eteokles und Polyneikes) zeugte, und sein Weggang aus der Stadt
  - gegenseitige Ermordung der Königsbrüder (Eteokles und Polyneikes) im Kampf um die Herrschaft in Theben

Übersicht III: Moderne Bearbeitungen und ihre jeweilige Akzentuierung

Das griechische Original: Sophokles' „Antigone" als Ausgangspunkt

Jean Anouilh: „Antigone" (1944)

- Entstehungssituation: Frankreich zur Zeit der Kollaboration mit dem nationalsozialistischen Deutschland
- Übernahme des originalen Handlungsgefüges, Hinzufügung der Figur der Amme und Fehlen der Teiresias-Figur, „Modernisierung" der Figuren
- Akzentverschiebung: Antigone als Vertreterin einer rebellischen Jugend sowie des politischen Widerstands, Kreon als Vertreter eines desillusionierten Establishments sowie der Kollaboration Frankreichs mit dem Unrechtsregime der Nazis
  - Zusammenprall der von den Antagonisten repräsentierten unterschiedlichen Seinsweisen
  - philosophische statt religiöse Deutung der Handlung: das Bühnengeschehen als Spiegel der Absurdität des Daseins im Sinne des Existenzialismus

Bertolt Brecht: „Die Antigone des Sophokles" (1948)

- Entstehungssituation: Ende des Zweiten Weltkrieges, Rückkehr Brechts aus dem Exil
- Handlung als Spiegelung des Kriegsverlaufs im Bild von Thebens (Deutschlands) Raubkrieg gegen Argos (Russland, Stalingrad)
- Umdeutung der Figuren Kreon (Hitler), Polyneikes (Deserteur), Antigone (Kriegsgegnerin) und des Chors (Symbol für blindes Mitläufertum)
- Intention: Zeitkritik, Reflexion eines historischen Vorgangs

Rolf Hochhuth: „Die Berliner Antigone" (1963)

- epische Adaption des Stoffes
- Zentrierung der Handlung auf die Protagonistin Anne, welche ihren Bruder bestattet hat und dafür getötet und der Anatomie zur Verfügung gestellt werden soll
- Ausgestaltung des inneren Konflikts Annes, die kurz vor ihrem Tod keinen ethischen oder religiösen Sinn mehr in ihrer Tat finden kann
- Intention: Auseinandersetzung mit der Unmenschlichkeit des Naziregimes, Erinnerung an unbekannte und scheinbar unbedeutende Opfer

Übersicht IV: Vergleichsmöglichkeiten mit anderen literarischen Werken

Sophokles' „Antigone“

Figurenvergleiche, z. B.
- Antigone mit Iphigenie aus Johann Wolfgang von Goethes Drama „Iphigenie auf Tauris“,
- Antigone mit der Figur der Mutter Courage aus Bertolt Brechts gleichnamigem Drama,
- Kreon und Antigone mit den Hauptfiguren aus den Adaptionen von Bertolt Brecht und Jean Anouilh,
- Antigone mit Carola aus Elisabeth Langgässers Kurzgeschichte „Die getreue Antigone“ und mit Anne aus Rolf Hochhuths Novelle „Die Berliner Antigone“,
- Kreon mit der Figur des isolierten Herrschers König Philipp in Friedrich Schillers Drama „Don Carlos“

Motivvergleiche, z. B.
- das Motiv des Widerstands gegen strukturelle Gewalt in „Antigone“ und Bertolt Brechts Parabel „Maßnahmen gegen die Gewalt“,
- das Motiv des Konflikts zwischen dem Einzelnen und der Gemeinschaft in „Antigone“ und Max Frischs Drama „Andorra“,
- das Motiv des Konflikts zwischen Vater und Sohn in „Antigone“ und Friedrich Schillers Drama „Don Carlos“

Die Dramenkonzeption im Vergleich:
„Antigone“ als Beispiel für die klassische griechische Tragödie mit Bertolt Brechts Drama „Mutter Courage und ihre Kinder“ als Beispiel für seine Konzeption des epischen Theaters

Internetadressen

Unter diesen Adressen können Sie sich zusätzlich informieren:

www.fachdidaktik-einecke.de/4_Literaturdidaktik/sophokles_antigone_im_unterricht_einecke.pdf
(historischer Hintergrund, Aufgliederung unterrichtsrelevanter Themenfelder und eine Sachanalyse zur Kreonrede)

www.rechtssemiotik.de/de/namen/antigone_61270.shtml
(zur Bedeutung der Antigone für die Rechtsprechung)

www.magersucht.com/pb/2/2_2.htm
(Untersuchung der Gestalt Antigone aus psychologischer Perspektive)

www.zum.de/Faecher/D/BW/gym/antigone
(Sammlung von Arbeitsvorschlägen und Hintergrundtexten)

www.antigone20.de/projekte/antigone20
(interaktives Theaterprojekt)

www.schule-bw.de/unterricht/faecher/deutsch/projekte/ergebnis/antigone
(Schülerprojekt: Umsetzung des Dramas in einen Fotoroman)

www.parkaue.de/serveDocument.php?id=870
(Begleitmaterial für eine Theateraufführung mit Hintergrundtexten zum antiken Drama, zum Problem der Übersetzung, zur Aktualität des Stoffes und mit dramaturgischen Überlegungen für ein Schülerprojekt)

[Stand: 10.04.2011]

Literatur

Textausgabe:

Sophokles, Anouilh, Brecht u. a.: Antigone in Vergangenheit und Gegenwart, hrsg. von Johannes Diekhans, erarbeitet und mit Anmerkungen und Materialien versehen von Margret Behringer, Schöningh Verlag, Paderborn ^{7}2009

Literatur- und Quellenverzeichnis:

Bossinade, Johanna: Das Beispiel Antigone. Textsemiotische Untersuchungen zur Präsentation der Frauenfigur. Von Sophokles bis Ingeborg Bachmann. Köln, Wien 1990

Flashar, Hellmuth: Sophokles. Dichter im demokratischen Athen. München 2000

Fromm, Erich: Märchen, Mythen, Träume. Eine Einführung in das Verständnis einer vergessenen Sprache. Reinbek bei Hamburg ^{19}2007

Giebel, Marion: Sophokles, Antigone. Erläuterungen und Dokumente. Stuttgart 1992

Herder Lexikon. Griechische und römische Mythologie. Freiburg in Breisgau 1981

Hermes, Eberhard: Der Antigone-Stoff. Sophokles, Anouilh, Brecht, Hochhuth. Interpretationshilfen. Stuttgart, Düsseldorf, Leipzig 2007

Mythos Antigone. Texte von Sophokles bis Hochhuth. Hrsg. v. Lutz Walther und Marina Hayo. Leipzig 2004

Roeske, Kurt: Antigones tödlicher Ungehorsam. Text, Deutung, Rezeption der Antigone des Sophokles. Würzburg 2009

Steiner, George: Die Antigonen. Geschichte und Gegenwart eines Mythos. München, Wien 1988

Weil, Grete: Meine Schwester Antigone. Frankfurt/M. 2000

Zink, Norbert: Sophokles: Antigone. Grundlagen und Gedanken zum Verständnis des Dramas. Frankfurt/M., Berlin, München ^{6}1974

Internetquellen:

www.fachdidaktik-einecke.de/4_Literaturdidaktik/sophokles_antigone_im_unterricht_einecke.pdf [Stand: 10.04.2011]